# Kritisch hinterfragt

Die „Kritisch hinterfragt"-Reihe greift kontroverse und für die Gesellschaft relevante Themen aus psychologischer Sicht auf und entlarvt gängige Mythen und Vorurteile. Die Bandbreite der Themen kommt aus allen Teilgebieten der Psychologie. Jeder einzelne Band konzentriert sich auf ein spezielles psychologisches Themengebiet. Um den Leser abzuholen und das Interesse aufrecht zu erhalten, sind an entscheidenden Stellen Fragen eingearbeitet. Die Inhalte sind wissenschaftlich fundiert, jedoch nicht nur informativ, sondern unterhaltsam und humorvoll in leicht verständlicher Sprache verfasst.

**Bände in der Reihe „Kritisch hinterfragt":**

Niklas, Mit Würfelspiel und Vorlesebuch – Welchen Einfluss hat die familiäre Lernumwelt auf die kindliche Entwicklung?, ISBN 978-3-642-54758-4

Sprenger, Joraschky, Mehr Schein als Sein? – Die vielen Spielarten des Narzissmus, ISBN 978-3-642-55306-6

Gündel, Glaser & Angerer, Arbeiten und gesund bleiben – K. o. durch den Job oder fit im Beruf, ISBN 978-3-642-55302-8.

Weitere Bände sind in Planung.

Frank Niklas

# Mit Würfelspiel und Vorlesebuch

Welchen Einfluss hat die familiäre Lernumwelt auf
die kindliche Entwicklung?

Frank Niklas
Lehrstuhl für Psychologie IV
Universität Würzburg
Würzburg, Deutschland

ISBN 978-3-642-54758-4                ISBN 978-3-642-54759-1 (eBook)
DOI 10.1007/978-3-642-54759-1

Die Deutsche Nationalbibliothek verzeichnet diese Publikation in der Deutschen Nationalbibliografie;
detaillierte bibliografische Daten sind im Internet über http://dnb.d-nb.de abrufbar.

Springer Spektrum
© Springer-Verlag Berlin Heidelberg 2014

*Planung und Lektorat*: Marion Krämer, Sabine Bartels
*Redaktion*: Regine Zimmerschied
*Einbandabbildung*: @ Lektorats-Spiel
*Einbandentwurf*: deblik, Berlin

Gedruckt auf säurefreiem und chlorfrei gebleichtem Papier.

Springer Spektrum ist eine Marke von Springer DE. Springer DE ist Teil der Fachverlagsgruppe Springer
Science+Business Media
www.springer-spektrum.de

# Vorwort

Kennen Sie den Kurzfilm *Königskinder*[1]? Wahrscheinlich eher nicht, denn obwohl er bei den Bamberger Kurzfilmtagen 2011 den zweiten Platz bei der Publikumsbewertung belegte, hat er keine sonderlich große Verbreitung gefunden. Der Grund, warum ich auf diesen Film zu sprechen komme, ist sein Inhalt. Der Film handelt von Katharina und Robin. Beide sind 16 Jahre alt, leben in derselben deutschen Großstadt und führen trotzdem ein grundverschiedenes Leben. Auf Katharinas Seite stehen eine vollständige (Vorzeige-) Familie, das Leben in einer Villensiedlung sowie der Besuch eines Elitegymnasiums. Robins Alltag sieht hingegen ganz anders aus: In dem Problemkiez, in dem er alleine mit seiner Mutter lebt, besteht das Leben aus Gewalt, Drogen und Vandalismus. Auf ironische, gleichzeitig aber sehr lustige Art und Weise wird das Leben zweier junger Menschen verglichen und der Zuschauer zum Nachdenken angeregt. Höhepunkt des Filmes ist das Aufeinandertreffen von Katharina und Robin nachts auf einer einsamen Straße. Mehr soll an dieser Stelle aber nicht verraten werden.

Auch das vorliegende Buch beschäftigt sich unter anderem mit Fragen, die dieser sehenswerte Kurzfilm aufwirft:

- Welche Chancen bietet unsere Gesellschaft Kindern mit unterschiedlichem Hintergrund?
- Welche Rolle spielen die Kontexte, in denen unsere Kinder aufwachsen?
- Inwieweit ist die Entwicklung unserer Kinder durch die genetische Ausstattung festgelegt?
- Welchen Einfluss haben Familie und Lernumwelt auf die Entwicklung unserer Kinder?
- Was können Eltern tun, um ihren Kindern möglichst gute Voraussetzungen mit auf den Weg zu geben?

Auf all diese Fragen versucht dieses Buch eine Antwort zu finden. Dabei werden Sie feststellen, dass es gar nicht so leicht ist, klare und einfache

---

[1] Mit freundlicher Genehmigung der Hochschule für Film und Fernsehen (HFF) „Konrad Wolf", Potsdam-Babelsberg.

**Abb. 1**  Lebensweg einer Frau und eines Mannes

Zusammenhänge zu finden. Menschen funktionieren nun mal nicht wie der Kaffeeautomat, in den man eine Münze einwirft, um dann (hoffentlich) ein Heißgetränk zu erhalten. Vielmehr sind an unserer Entwicklung immer eine Vielzahl an Faktoren und Prozessen beteiligt, die alle zusammenwirken. Das macht es einerseits etwas kompliziert, andererseits aber auch sehr spannend und interessant. Auch wenn der Lebensweg eines Menschen über die gesamte Lebensspanne durchaus linear und klar nachvollziehbar erscheint (Abb. 1), so finden sich im Einzelfall doch viele Sprünge, Unregelmäßigkeiten und unvorhergesehene Veränderungen. Gerade die ersten drei der aufgeführten Stufen sind davon geprägt. Zugleich umfassen diese den Altersbereich, in dem wir normalerweise mit unseren Ursprungsfamilien zusammenleben. Das deutet bereits die besondere Stellung der familiären Lernumwelt für die Entwicklung unserer Kinder an.

Im Folgenden soll zunächst erklärt werden, was unter den Begriffen „Familie", „Lernumwelten" und im Speziellen unter „familiärer Lernumwelt" zu verstehen ist. Der Schwerpunkt des Buches liegt in Kap. 4, 5 und 6, die konkrete Hinweise auf die Gestaltung einer möglichst positiven Lernumwelt geben. Hierbei wird der jeweilige Fokus auf dem sprachlichen, dem mathematischen und dem sozial-emotionalen Bereich liegen. Da unsere Kinder unvermeidlich früher oder später in die Pubertät kommen, wird auch der Einfluss von Eltern auf Jugendliche thematisiert.

Leider zeigen sowohl Forschung als auch Realität, dass trotz aller Mühe, die sich Eltern geben, nicht immer die gewünschten Effekte eintreten. Oder um es anschaulicher auszudrücken und dabei auf das Kaffeeautomatenbeispiel zurückzukommen: Selbst wenn wir jede Menge Münzen einwerfen, kann uns niemand garantieren, dass wir tatsächlich ein Getränk erhalten oder dass dieses tatsächlich auch schmeckt. Dementsprechend werden auch Schwierigkeiten bei der Gestaltung der familiären Lernumwelt sowie vorhandene Grenzen besprochen.

Letztlich bleibt aber das klare Statement, dass es sich lohnt, an einer möglichst optimalen familiären Lernumwelt zu arbeiten! Wie dies gelingt und was bei der Gestaltung der eigenen familiären Lernumwelt zu beachten ist, finden Sie auf den folgenden Seiten. Dabei hoffe ich, dass Sie die Lektüre als aufschlussreich, interessant und durchaus auch kurzweilig empfinden. Denn wie sagte schon der englische Schriftsteller William Somerset Maugham: „Kein Lesen ist der Mühe wert, wenn es nicht unterhält." Und genauso sollte es sich auch mit dem Zusammenleben mit unseren Kindern und dem „Erziehen" verhalten: Trotz aller Probleme und Problemchen sollte dieses in erster Linie Spaß machen!

## Danksagung

Ein solches Buch schreibt sich weder mal eben so noch von heute auf morgen – aus diesem Grund möchte ich mich bei einer Reihe von Personen bedanken, die auf verschiedene Art und Weise dazu beigetragen haben, dass Sie diese Zeilen lesen können.

Ein ganz besonderer Dank gilt meiner Frau Kathi und meiner Kollegin Michaela Pirkner, die mir eine wertvolle Hilfe waren und viele Stunden darauf verwendeten, möglichst genau zu lesen und Fehler zu finden, und immer wieder konstruktiv Kritik übten.

Herzlich bedanken möchte ich mich auch bei Frau Marion Krämer und Frau Sabine Bartels vom Springer Verlag. Frau Krämer ist zu verdanken, dass dieses Buchprojekt auf den Weg gebracht wurde, und Frau Bartels musste sich mit den Formatierungen und dem Layout auseinandersetzen. Vielen Dank für die Unterstützung.

Außerdem danke ich Professor Wolfgang Schneider von der Universität Würzburg, durch den ich überhaupt erst in die Welt der Pädagogischen Psychologie und Entwicklungspsychologie eingeführt wurde und der mich maßgeblich in meinem Werdegang und den Forschungen zur familiären Lernumwelt unterstützt hat.

Weiterhin danke ich all meinen Freunden und Verwandten, die mich immer wieder ermutigt und die Zeit der Bucherstellung in vielerlei Hinsicht verschönert und bereichert haben.

Nicht zuletzt danke ich meiner eigenen Familie, die mich nicht nur unterstützt, sondern mir auch die Freiräume eingeräumt hat, um dieses Buch schreiben zu können.

# Inhaltsverzeichnis

# 1

# Was versteht man heutzutage unter Familie?

## Inhalt

F. Niklas, *Mit Würfelspiel und Vorlesebuch*, DOI 10.1007/978-3-642-54759-1_1,
© Springer-Verlag Berlin Heidelberg 2014

## 1.1   Warum wurden aus Sippen Familien? – Familien ganz allgemein betrachtet

Bevor in den späteren Kapiteln (insbesondere Kap. 4, 5 und 6) genauer darauf eingegangen wird, was wir alles beachten können (und sollten), damit unsere Kinder in einer förderlichen Lernumwelt aufwachsen, soll zunächst geklärt werden, was sich hinter dem Begriff „Familie" verbirgt.

---

**Definiton**   Nach Schneewind (2008) sind **Familien** soziale Systeme, die sich von anderen sozialen Systemen abgrenzen, indem hier besondere Verhaltensweisen oder Regeln zutreffen (z. B. gibt es eine familienspezifische Sprache). Darüber hinaus sind die einzelnen Familienmitglieder in Beziehungen miteinander verbunden und nehmen gegenseitig Einfluss aufeinander. Daraus bilden sich dann Beziehungsmuster, die je nach Konstellation zu Unterschieden beispielsweise in den Bereichen „Nähe" (z. B. mit Mama wird ganz eng geschmust, Papa wird nur umarmt) oder „Kommunikation" (z. B. kann es in einer Familie eher in Ordnung sein, die eigene Schwester anzuschreien als die Mutter) führen. Allerdings besteht eine Familie auch aus Subsystemen zwischen den einzelnen Elternteilen und/oder Kindern, bei denen sich gewisse Koalitionen ausbilden können (z. B. mit meiner Schwester bin ich unzertrennlich, mit meinem Bruder lebe ich ständig auf Kriegsfuß).

---

Dies alles erklärt aber noch nicht die Bedeutung, die die Familie einnimmt oder warum der Paar- und Familientherapeut Wolfgang Hantel-Quitmann (2013) die Familie als wichtigste menschliche Gemeinschaft bezeichnet. Hierzu ist es sinnvoll, sich die Rolle der Familie in der kindlichen Entwicklung bewusst zu machen.

---

?

Was sind die grundlegenden Funktionen einer Familie?

---

Nach Siegler et al. (2011) helfen Familien dabei, dass Kinder bis zur eigenen Mündigkeit überleben können und dabei ihre physischen und psychischen Bedürfnisse erfüllt werden, sie gesund bleiben und in Sicherheit leben können. Weiterhin bietet die Familie den Rahmen dafür, dass Kinder sich bestimmte Fähigkeiten und Ressourcen aneignen, mit denen sie später zu produktiven und fähigen Erwachsenen werden können. Letztlich lehrt die Familie Kindern auch die grundlegenden Werte und Normen der Gesellschaft, in die sie hineinwachsen (Abschn. 2.5). Damit wird klar, dass Familien nicht nur einen Rahmen bieten, in dem Kinder überhaupt leben und damit auch aufwachsen können, sondern dass sie zugleich „Bildungswelten" für Kinder darstellen (Lange und Soremski 2012). Sehr viel Wissen wird Kindern dabei beiläufig während Interaktionen und kommunikativem Austausch vermittelt (Abschn. 3.5). Familien in all ihren Formen sind somit bestens geeignet, um Kinder großzuziehen und ihnen das nötige Wissen zu vermitteln, damit diese später im Alltag genauso wie auch in schwierigen Situationen bestehen können.

Dies alles führte dazu, dass sich die Lebensform „Familie" als besonders durchsetzungsfähig erwies und – zumindest in den meisten westlichen und östlichen Kulturen – auch zur gängigen Art des Zusammenlebens wurde. Der Höhenflug der Familien war allerdings nicht beständig. So erreichte die „Familialisierung" in Deutschland ihren Höhepunkt schon in den 1950er und 1960er Jahren. Damals bestanden Familien in westlichen Gesellschaften zumeist aus einem erwerbstätigen Vater, einer Mutter als Hausfrau und ihren zwei oder mehr Kindern. Fast jede(r) ging eine Ehe ein, Scheidungen kamen sehr selten vor und 90 % der Kinder lebten bei beiden leiblichen Eltern (Ecarius et al. 2008). Und wie sieht das heute mit der Familiensituation in Deutschland aus? Falls Sie dies interessiert, schauen Sie einfach im Abschn. 1.3 nach.

## 1.2 Was macht Familien so wichtig? – Schutzraum und Bindungskontext

Wie bei allen Entwicklungen über längere Zeiträume setzte sich die Familie deshalb durch, weil sie mehr Vorteile gegenüber anderen Formen des Zusammenlebens oder des Aufwachsens von Kindern bot und immer noch bietet.

> ?
>
> Wie wirken sich aber eine frühe Trennung von den eigenen Eltern und eine Heimunterbringung auf Kinder aus? Entwickeln sie sich ähnlich oder doch anders als Kinder, die in Familien aufwachsen?

Tatsächlich bietet eine Heimunterbringung oft nicht die besten Voraussetzungen für das kindliche Aufwachsen. Das heißt nicht, dass jedes „Heimkind" eine schwierige Zukunft vor sich hat, aber in vielen Fällen waren und sind ungünstige Entwicklungsverläufe zu beobachten. Erstmals wurde dieses Phänomen Anfang/Mitte des 20. Jahrhunderts genauer beobachtet. Damals fiel auf, dass Heimkinder, die zwar physisch adäquat versorgt wurden, aber nur wenige soziale Interaktionen genossen, durch stark unangepasstes und teils sehr aggressives Verhalten geprägt waren.

Besonders ausführlich befasste sich der englische Psychoanalytiker John Bowlby (2010) mit der Untersuchung dieser Probleme. Er stellte fest, dass eine Heimunterbringung (zumindest früher) häufig mit einer gewissen emotionalen Deprivation einherging. Die fehlende mütterliche Fürsorge und die Abwesenheit einer primären Bezugsperson als sicherer Basis zogen bei den Kindern viele negative Folgen nach sich. Auf seinen Beobachtungen gründete er seine Bindungstheorie, die davon ausgeht, dass Kinder deutlich bessere Entwicklungschancen haben, wenn sie eine feste und gute Bindung zu verlässlichen Bezugspersonen eingehen. Entscheidend für die Ausbildung einer festen Bindung sind dabei die ersten beiden Lebensjahre und insbesondere die ersten Monate nach der Geburt.

---- ? ----

Wie kann man den Bindungsstatus zur primären Bezugsperson eines Kleinkindes messen, das noch nicht in der Lage ist, sich diesbezüglich verbal zu äußern?

Hierzu hat sich die kanadische Psychologin Mary Ainsworth, eine Schülerin und spätere Mitarbeiterin von John Bowlby, genauere Gedanken gemacht. Gemeinsam entwickelte sie mit Bowlby in den 1950er Jahren ein Modell der Bindungsformen in der frühen Mutter-Kind-Beziehung. Aufgrund ihrer Beobachtungen von Mutter-Kind-Interaktionen in Familien in Uganda und den USA entwickelte sie später den Fremde-Situation-Test (Ainsworth et al. 1978).

Bei dem Fremde-Situation-Test werden das Verhalten des Kindes und die Interaktion mit dessen Bezugsperson in verschiedenen aufeinanderfolgenden Situationen beobachtet und bewertet. Die acht Situationen, die jeweils ungefähr 3 min dauern, sind in Tab. 1.1 dargestellt.

**Tab. 1.1** Ereignisse während Ainsworths Fremde-Situation-Test (Ainsworth et al. 1978)

| Ereignis | Was passiert? | Bezug zu Bindungsverhalten |
|---|---|---|
| 1 | Versuchsleiter zeigt dem Kind und der Bezugsperson den unbekannten Raum und präsentiert die Spielsachen; danach verlässt er den Raum. | kein Bezug |
| 2 | Bezugsperson und Kind sind allein im Raum, wobei vom Erwachsenen keine Interaktionen initiiert werden sollen, aber angemessen reagiert werden soll. | Exploration und Nutzung der Bezugsperson als sichere Basis |

**Tab. 1.1**    (Fortsetzung)

| Ereignis | Was passiert? | Bezug zu Bindungsverhalten |
|---|---|---|
| 3 | Fremde Person betritt das Zimmer, bleibt 1 min ruhig sitzen, unterhält sich 1 min mit der Bezugsperson und versucht danach, 1 min mit dem Kind zu interagieren. | Reaktion auf den Fremden |
| 4 | Bezugsperson lässt das Kind mit der fremden Person allein. Das Kind kann weiterspielen, wird bei Bedarf beruhigt. Die Phase wird abgekürzt, falls das Kind zu unruhig wird. | Trennungsstress und Reaktion auf Tröstungsversuche |
| 5 | Bezugsperson ruft das Kind von außen, betritt den Raum und bleibt an der Tür. Fremde Person geht. Bezugsperson lässt Kind spielen oder beruhigt es. | Reaktion auf das Wiedersehen mit Bezugsperson |
| 6 | Bezugsperson lässt das Kind allein im Raum. Die Phase wird abgekürzt, falls das Kind zu unruhig wird. | Trennungsangst |
| 7 | Fremde Person betritt den Raum, begrüßt das Kind und wartet ab. Setzt sich hin oder beruhigt. Die Phase wird abgekürzt, falls das Kind zu unruhig wird. | Fähigkeit, sich von Fremden beruhigen zu lassen |
| 8 | Bezugsperson ruft von außen, betritt den Raum, begrüßt das Kind und wartet ab. Setzt sich hin oder beruhigt. Das Kind darf weiterspielen, wenn es mag. | Reaktion auf das Wiedersehen mit Bezugsperson |

Beobachtet wird während dieser zugegebenermaßen sehr künstlichen Situation das Verhalten des Kindes. Von Interesse sind dabei die Versuche, Nähe und Kontakt zur Bezugsperson (meist der Mutter) herzustellen, der gezeigte Widerstand oder die Meidung ihr gegenüber sowie die Interaktionen mit dem Elternteil aus größerer Entfernung. Als besonders aufschlussreich erwies sich die Reaktion des Kindes auf das Wiedersehen nach den Trennungen. Ausgehend von diesen Beobachtungen lassen sich in der Folge vier verschiedene Bindungsmuster unterscheiden:

- *Sichere Bindung:* Diese Kinder haben eine qualitativ hochwertige Beziehung zur Bezugsperson. In fremden Situationen mögen sie weinen, sie freuen sich aber bei der Rückkehr der Bezugsperson und erholen sich schnell vom Unwohlsein.
- *Unsicher-ambivalente Bindung:* Diese Kinder klammern, werden in fremden Situationen schnell ängstlich und lassen sich sowohl von Fremden als auch

der Bezugsperson nur schwer beruhigen. Sie suchen einerseits Trost, widersetzen sich aber andererseits den Bemühungen, sie zu trösten.

- *Unsicher-vermeidende Bindung:* Diese Kinder erscheinen gleichgültig gegenüber der Bezugsperson und meiden diese teils sogar. Sie lassen sich von Fremden ebenso gut trösten wie von der Bezugsperson.
- *Desorganisiert-desorientierte Bindung:* Diese Kinder zeigen keine konsistenten Stressbewältigungsstrategien. Ihr Verhalten ist oft konfus und widersprüchlich, teils erscheinen sie auch desorientiert.

Über viele Studien hinweg und auch bei Untersuchungen in verschiedenen Ländern konnten diese Muster immer wieder gefunden werden. Zusätzlich zeigte sich auch, dass die Bindungsmuster in der Familie „weitergegeben" werden. Je nachdem, welche Bindung man selbst zu seinen Eltern hat, ist die Wahrscheinlichkeit sehr groß, dass die eigenen Kinder die gleiche Bindung zu einem aufweisen werden. Dabei zeigte sich in etwa zwei Drittel der Fälle, dass Kinder eine sichere Bindung zu ihren Eltern haben, etwa 10 % der Kinder sind unsicher-ambivalent gebunden, 15 % der Kinder unsicher-vermeidend, und etwas mehr als 10 % der Kinder weisen desorganisierte-desorientierte Bindungen auf (Siegler et al. 2011). Diese Zahlen stammen zwar aus Untersuchungen in den USA, lassen sich aber mit leichten Änderungen auch in anderen westlichen Kulturen und sogar in Japan so finden.

---
? 
---

**Was sagen die unterschiedlichen Bindungsmuster genau aus? Haben sie überhaupt irgendeinen Einfluss auf die Entwicklung von Kindern?**

---

Tatsächlich zeigen sich klare Vorteile für Kinder mit einer sicheren Bindung. Sie sind wesentlich kompetenter im sozialen Umgang mit Gleichaltrigen, weniger ängstlich, aggressiv und antisozial, weisen eine größere Empathie auf und sogar im sprachlichen Bereich sind sie unsicher gebundenen Kindern in der Entwicklung voraus (Korntheuer et al. 2010; Siegler et al. 2011). Wie gut also, dass die meisten Kinder in Familien aufwachsen und dabei eine sichere Bindung zu ihren Eltern entwickeln.

---
? 
---

**Was ist mit den Kindern, die keine sichere Bindung zu ihren Eltern haben? Müssen sie den Kopf in den Sand stecken oder sollten sie gar ihre Eltern verklagen?**

---

Weit gefehlt – denn auch wenn sich bestimmte Bindungsmuster in Familien häufig über Generation erhalten, kommt es durchaus häufig zu Veränderungen. Kinder, bei denen anfangs zwar eine unsichere Bindung zu den Eltern vorliegt, bei denen sich später aber das Interaktionsverhalten zwischen Eltern und Kind deutlich verbessert, haben also durchaus gute Prognosen. Umgekehrt verhindert eine frühe sichere Bindung keineswegs spätere Fehlentwicklungen. Dennoch sollte klar geworden sein, dass es nicht erst darauf ankommt, im Kindergarten- und Schulalter Kindern eine positive Lernumwelt zu bieten. Vielmehr sind wir schon ab der Geburt (und wenn wir es genau nehmen auch schon längst vorgeburtlich) als verlässliche und unterstützende Eltern gefordert.

## 1.3   Wo wachsen Kinder heute auf? – Zahlen und Fakten zur heutigen Familie

Die bisherigen Ausführungen zeigen, dass Familien von Anfang an von großer Bedeutung für die kindliche Entwicklung sind.

------------  ?  --------------------------------------------------------------------

Inwieweit ist aber das klassische Bild der Kleinfamilie noch zeitgemäß und entspricht der heutigen Realität? Wie viele Haushalte in Deutschland bestehen tatsächlich noch aus Vater, Mutter, Sohn und Tochter?

Will man diese Fragen für Deutschland beantwortet haben, dann führt kein Weg am Statistischen Bundesamt vorbei.

Das Statistische Bundesamt (2012) bietet im Mikrozensus 2011 reichhaltige Informationen über die 40.439 deutschen Haushalte. In 71 % dieser Haushalte lebt beispielsweise kein Kind, während nur in etwa 3,5 % aller Haushalte drei oder mehr Kinder wohnen. Dabei sind über 40 % der Haushalte Einpersonenhaushalte, und nur in etwa einem Viertel aller Haushalte leben mehr als zwei Personen. Betrachtet man die verschiedenen Lebensformen (z. B. Ehepaare oder Alleinstehende) genauer, so zeigt sich, dass von den etwa 11.700 Haushalten mit Kindern in fast 23 % der Fälle Alleinerziehende Kinder betreuen (und nur ca. 14 % der Alleinerziehenden sind wiederum Väter). Im Jahr 2011 lebten etwas mehr als 8000 Familien mit Kindern unter 18 Jahren in Deutschland. In mehr als zwei Drittel der Fälle betreuten Ehepartner die Kinder, wobei hier nicht unterschieden wurde zwischen Ursprungs- und sogenannten Patchworkfamilien. Allerdings ist die Rate an betreuenden Ehepaaren gegenüber dem Anteil an Kindern in Lebensgemeinschaften und bei Alleinerziehenden seit mehreren Jahren rückläufig. Wirft man einen Blick auf die Anzahl an Scheidungen in Deutschland, so lässt sich aus den Daten des Statistischen Bundesamtes in Wiesbaden weiterhin herauslesen, dass mehr als ein Drittel aller Ehen in Deutschland geschieden wird. In der Hälfte aller Scheidungsfälle sind Kinder mitbetroffen.

Somit ist es nicht weiter verwunderlich, wenn Ecarius et al. (2008) feststellen, dass mittlerweile nur noch etwas mehr als ein Drittel der Aufwachsenden in traditionellen Kernfamilien leben, während ein größerer Teil mit nur einem Elternteil oder in Stiefelternfamilien aufwächst. Daneben existieren nichteheliche Lebensgemeinschaften mit Kindern, Adoptivfamilien, Regenbogenfamilien mit schwulen oder lesbischen Eltern, und ein verschwindend geringer Teil der deutschen Kinder wächst auch heute noch in Heimen auf. Weiterhin zeigt sich der klare Trend, dass sich die klassische Rollenaufteilung mit einem erwerbstätigen Vater und der haushaltsführenden Mutter immer weiter im Rückzug befindet. In knapp der Hälfte Fälle, in denen Kinder bei zwei Erwachsenen aufwachsen, arbeiten beide entweder Voll- oder Teilzeit, wenngleich natürlich immer noch in der Mehrzahl der Fälle Mütter die Hauptrolle in der Erziehung einnehmen (Hantel-Quitmann 2013).

---

**?**

**Wie stellt sich die Familiensituation im Vergleich dazu z. B. in den USA dar?**

---

Nach Siegler et al. (2011) ist die Situation in den USA durchaus vergleichbar, wobei im Jahr 2007 etwa 25 % der Kinder von Alleinerziehenden und etwas mehr als zwei Drittel von Ehepartnern großgezogen wurden. Auch die Scheidungsrate liegt ähnlich hoch wie in Deutschland, wobei aber hier bereits innerhalb von zehn Jahren nach Eheschließung ein Drittel aller Ehen wieder geschieden wird.

---

**?**

**Was bedeuten diese veränderten Lebens- und Aufwachsbedingungen gegenüber früheren Jahrzehnten für heutige Kinder? Ergeben sich aus den veränderten Situationen Probleme für deren Entwicklung?**

---

Tatsächlich können Scheidungen und das Leben in Stiefelternfamilien zu erhöhtem Stress, häufigeren Konflikten sowie allerlei langwierigen, negativen Auswirkungen sowohl im kindlichen Verhalten als auch im Leistungsbereich führen (Siegler et al. 2011). Abhängig ist dies aber weniger von der Lebensform, sondern vielmehr von den Begleitumständen (Abschn. 3.2). So kann eine Scheidung, bei der die ehemaligen Partner ihre Differenzen nicht über das Kind austragen, beide Parteien sich positiv um das Kind bemühen und nicht zusätzliche Probleme wie ökonomischer Druck oder Depressionen auftreten, für die kindliche Entwicklung wesentlich günstiger sein als eine fortbestehende Ehe mit täglichem Streit vor den Kindern und über diese. Gleiches gilt natürlich genauso für Stiefelternfamilien. Es kommt für Kinder also weniger auf die äußeren Rahmenbedingungen an als auf die Art und Weise, wie mit ihnen interagiert wird und was tatsächlich bei diesen Interaktionen mit ihnen gemacht wird. Doch dazu mehr in den späteren Kapiteln.

Zum Abschluss noch eine beruhigende Nachricht für die Homophoben unter uns: Alle bisher dazu durchgeführten Untersuchungen – die zugegebenermaßen noch nicht allzu zahlreich sind – deuten darauf hin, dass Kinder, die von homosexuellen Partnern großgezogen werden, weder häufiger selbst dazu tendieren, homosexuelle Präferenzen zu entwickeln, noch sich auf irgendeine andere Art und Weise von anderen Kindern unterscheiden.

## Fazit

Obwohl sich der Anteil und die Zusammensetzung von Familien in den letzten Jahrzehnten gewandelt haben, wachsen die allermeisten Kinder nach wie vor in diesem Kontext auf, wobei hierunter nicht mehr nur die klassische Kernfamilie gezählt wird. Familien als soziale Gebilde bieten einen wichtigen Rahmen, um eine gesunde psychische und physische Entwicklung von Kindern zu gewährleisten. Zugleich werden Kinder in Familien aber auch mit bestimmten Kompetenzen und Fertigkeiten ausgestattet, die ihnen auf dem späteren Lebensweg helfen. Familien bieten somit „Bildungswelten" und sind auch dadurch eine wichtige Stütze der kindlichen Entwicklung. Doch schon bevor es um die eigentliche Bildung unserer Kinder geht, werden wichtige Weichen gestellt. So entwickeln sich bereits in den ersten Lebensmonaten und -jahren spezifische Bindungsmuster zwischen Kindern und ihren primären Bezugspersonen, die Einfluss auf das spätere Verhalten, kognitive Fähigkeiten und die Bindungsfähigkeit von Kindern haben. Die heutigen vielfältigen Lebensformen, in denen Kinder aufwachsen, stellen eine Herausforderung dar, die insbesondere uns Erwachsene fordert. Wenn schwierige Situationen wie z. B. Scheidungen oder die Zusammenführung zweier Familien zu bewältigen sind, liegt es an uns, unsere Kinder möglichst wenig zu belasten und ihnen trotz aller Probleme (bzw. sogar deswegen) unterstützend und verlässlich zur Seite zu stehen. Klar ist dabei aber auch: Nicht unsere familiäre Situation und damit die Rahmenbedingungen sind entscheidend – es kommt eindeutig auf die Interaktion mit unseren Kindern an.

## Literatur

Ainsworth, M. D. S., Blehar, M. C., Waters, E. & Wall, S. (1978). *Patterns of attachment: A psychological study of the strange situation.* Hillsdale, NJ: Erlbaum.

Bowlby, J. (2010). *Frühe Bindung und kindliche Entwicklung* (6. Aufl.). München: Ernst Reinhardt.

Ecarius, J., Fuchs, T. & Wahl, K. (2008). Der historische Wandel von Sozialisationskontexten. In K. Hurrelmann, M. Grundmann & S. Walper (Hrsg.), *Handbuch Sozialisationsforschung* (S. 104–116). Weinheim: Beltz.

Hantel-Quitmann, W. (2013). *Basiswissen Familienpsychologie. Familien verstehen und helfen.* Stuttgart: Klett-Cotta.

Kornteuer, P., Lissmann, I. & Lohaus, A. (2010). Wandel und Stabilität: Längsschnittliche Zusammenhänge zwischen Bindungssicherheit und dem sprachlichen und sozialen Entwicklungsstand. *Psychologie in Erziehung und Unterricht, 57,* 1–20.

Lange, A. & Soremski, R. (2012). Familie als Bildungswelt – Bildungswelt Familie. Einführung in den Themenschwerpunkt. *Zeitschrift für Soziologie der Erziehung und Sozialisation, 32*(3), 227–232.

Schneewind, K. A. (2008). Sozialisation in der Familie. In K. Hurrelmann, M. Grundmann & S. Walper (Hrsg.), *Handbuch Sozialisationsforschung* (S. 256–273). Weinheim: Beltz.

Siegler, R., DeLoache, J. & Eisenberg, N. (2011). *How children develop* (3rd ed.). New York: Worth Publishers.

Statistisches Bundesamt (2012). *Bevölkerung und Erwerbstätigkeit. Haushalte und Familien – Ergebnisse des Mikrozensus 2011. Fachserie 1, Reihe 3.* Wiesbaden: Statistisches Bundesamt.

# 2

# Was sind denn kindliche Lernumwelten?

## Inhalt

F. Niklas, *Mit Würfelspiel und Vorlesebuch*, DOI 10.1007/978-3-642-54759-1_2,
© Springer-Verlag Berlin Heidelberg 2014

## 2.1  Was bringt Kinder, Lernen und Umwelt zusammen? – Kindliche Lernumwelten und Sozialisation im Überblick

Denken Sie einmal darüber nach, was Sie in Ihrer eigenen Entwicklung als Kind beeinflusst hat und welche Personen und „Umwelten" für Ihr persönliches Lernen wichtig waren. Höchstwahrscheinlich werden Ihnen problemlos mehrere Menschen und Institutionen einfallen, die Ihren Werdegang begleitet und dazu beigetragen haben, dass aus Ihnen diejenige Person geworden ist, die Sie heute sind – beginnend mit Ihren Eltern, Ihren Geschwistern, soweit vorhanden, und der ganzen Familie über Kindergarten und Schule bis hin zu denjenigen Faktoren, an die man zuerst vielleicht gar nicht denkt.

Aber glauben Sie nicht auch, dass aus Ihnen ein anderer Mensch geworden wäre, falls Sie in Afrika anstatt in Europa aufgewachsen wären? Auch wenn Sie in Frankreich anstatt in Deutschland geboren wären, hätte dies sicherlich zu einer anderen Entwicklung geführt, obwohl beide Länder sich in vielen Dingen (sei es der Lebensstandard oder das Wertesystem) ähneln.

Sie sehen, dass uns viele Faktoren in irgendeiner Form „prägen". In der Soziologie spricht man hierbei auch von der Sozialisation eines Menschen.

------------    ?    --------------------------------------------------------------------

Was verbirgt sich hinter dem Begriff „Sozialisation"?

--------------------------------------------------------------------------------------------

**Sozialisation**   ist der Prozess der Entwicklung eines Menschen bei gleichzeitiger Auseinandersetzung mit seiner sozialen und materiellen Umwelt, den natürlichen Anlagen und der eigenen Konstitution. Damit tragen also „innere" Einflussgrößen wie z. B. die Genetik, die Persönlichkeitsstruktur oder die Intelligenz genauso zur Entwicklung bei wie „äußere" spezifische Lebenskontexte wie z. B. die Familie, Freunde, Bildungseinrichtungen oder die physikalische Umwelt (Schneewind 2008a).

Bei der Sozialisation handelt es sich also um einen sehr umfassenden Begriff, der in Abb. 2.1 veranschaulicht wird.

Es lassen sich verschiedene Ebenen der Sozialisation unterscheiden, die alle miteinander interagieren (Geulen und Hurrelmann 1980). Beginnend auf der untersten Ebene, der Individualebene, bis hin zur Gesellschaftsebene wirken verschiedene Strukturen, Gruppen und Organisationen zusammen und tragen zur Entwicklung der einzelnen Person bei. Der Begriff „Sozialisation" bezeichnet in diesem Zusammenhang den Gesamtprozess des Hineinwachsens in die

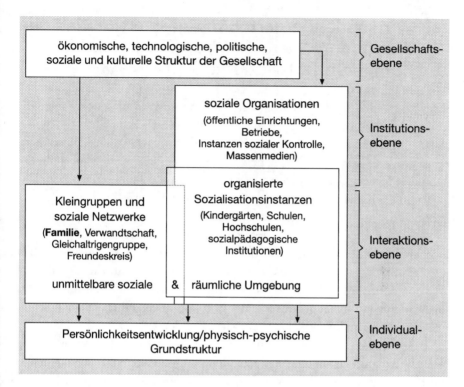

**Abb. 2.1** Strukturmodell der Sozialisationsbedingungen (Adaptiert nach Geulen und Hurrelmann 1980)

Gesellschaft. Fett markiert wurde in dieser Abbildung auf der Interaktionsebene die Familie, da diese als zentrale Instanz der Sozialisation angesehen wird (Abschn. 2.5).

Natürlich ist dies auch abhängig vom Lebensalter. Während wir im Erwachsenenalter eher dazu beitragen werden, die Gesellschaft und Institutionen mitzugestalten, also aktiv zu wirken, sind wir als Kinder eher starken gesellschaftlichen Sozialisationsinstanzen (z. B. Familie, Kindergarten, Schule) „ausgesetzt". Kinder können und werden sich in den allermeisten Fällen weder ihre Familie noch Kindergärten oder Schulen aussuchen. Wir als Eltern können aber immerhin versuchen, unseren Kindern gute Bedingungen mit auf den Weg zu geben. Welche Rolle die verschiedenen Sozialisationskontexte der Kindheit spielen, wird im Folgenden gezeigt.

## 2.2   Wird im Kindergarten nur gespielt? – Die Rolle des Kindergartens für die frühe kindliche Kompetenzentwicklung

Wenn Sie an Ihre Kindergartenzeit zurückdenken, wird Ihnen sicher noch die eine oder andere Erinnerung präsent sein (abgesehen davon, dass Fred oder ein beliebiges anderes Kind immer gemein zu ihnen war und Sie mit Klaus bzw. Karo „heiraten gespielt" haben). Wahrscheinlich werden Sie teilweise auch noch wissen, was Sie gerne dort gespielt und was Sie gelernt haben. Der Kindergarten ist nämlich nicht nur ein Spielort, sondern durchaus auch ein Lernort. Hier kommen Kinder erstmals im größeren Rahmen in Kontakt mit fremden Menschen (anderen Kindergartenkindern und Erzieherinnen und Erziehern), und sie werden dort auch erzogen. Zum gesellschaftspolitischen Auftrag, der an Kindergärten gestellt wird, gehört nicht nur die Gewährleistung der Berufstätigkeit beider Eltern. Kindergärten sollen darüber hinaus den Anschluss an die Schule in sozialer und kognitiver Hinsicht sichern und eine ausgeglichene Persönlichkeitsentwicklung der Kinder begünstigen. Die wichtige Rolle, die Kindergärten mittlerweile in der kindlichen Entwicklung spielen, wird auch daran deutlich, dass heute nahezu alle Kinder in Deutschland Kindergärten besuchen. Vor dem Zweiten Weltkrieg war dies nur einer Minderheit vorbehalten.

---
?
Ist der Kindergartenbesuch überhaupt sinnvoll? Gibt es Belege dafür, dass Kindergartenkinder irgendwelche Vorteile haben?

---

Eine Antwort auf diese Fragen bietet eine Untersuchung von Spiess et al. (2003). Sie waren daran interessiert, welche Schulart Kinder in der 7. Klasse besuchten, die entweder im Jahr vor der Einschulung einen Kindergarten besucht hatten oder nicht. Von den 316 Kindern in ihrer Stichprobe waren 50 Kinder nicht in den Kindergarten gegangen. Analysen zeigten nun, dass dieser Umstand (nicht im Kindergarten gewesen zu sein) mit einem deutlich höheren Anteil an Hauptschülern gegenüber Realschülern und Gymnasiasten einherging. Dies galt hierbei in erster Linie für Kinder mit Migrationshintergrund.

Kratzmann und Schneider (2009) bezogen sich auf einen noch früheren Zeitpunkt in der kindlichen Entwicklung und wollten überprüfen, ob ein Kindergartenbesuch das Risiko einer Zurückstellung vom Schulbesuch reduziert. Bei ihren Untersuchungen mit über 1400 Kindern zeigte sich, dass Kinder, die im Alter von drei Jahren bereits einen Kindergarten besucht hatten, gegenüber Kindern, die erst später oder gar nicht in den Kindergarten gegangen waren, ein deutlich reduziertes Rückstellungsrisiko aufwiesen.

Letztlich waren Niklas et al. (2011) daran interessiert, den Zusammenhang des Kindergartenbesuchs mit wichtigen sprachlichen Leistungen von Vorschulkindern zu analysieren. Die Forscher untersuchten hierzu knapp 800 Kinder mit einen Durchschnittsalter von etwa fünf Jahren. Kontrolliert wurden dabei auch wichtige Aspekte wie das Geschlecht der Kinder, ihr genaues Alter, die Intelligenz sowie die soziale Stellung der Eltern und ein eventuell vorhandener Migrationshintergrund. Selbst wenn all diese Einflussfaktoren berücksichtigt wurden, hing ein längerer bisheriger Kindergartenbesuch mit besseren sprachlichen Leistungen (größerer Wortschatz, bessere Leistungen bei Reimaufgaben, bessere verbale Gedächtnisleistungen) zusammen.

Sie sehen also: Der Kindergarten bereitet auf den späteren Bildungsweg vor, auch wenn man dies als Kindergartenkind wahrscheinlich gar nicht so bewusst mitbekommt (siehe auch Abschn. 9.3). Im Kindergarten werden schon früh wichtige Kompetenzen vermittelt. Und dabei sind die hier aufgeführten Studien noch nicht einmal auf die Bereiche eingegangen, die Erzieherinnen als mindestens genauso relevant ansehen, z. B. sozial-emotionale Kompetenzen, Konzentrationsfähigkeit oder auch Selbstständigkeit (Niklas 2011). Berücksichtigt man all dies, so scheint das idyllische Bild vom Kindergartenleben nicht unbedingt zuzutreffen. Vielmehr klingt es nach harter Kinderarbeit. Zum Glück merken dies kleine Kinder gar nicht, und sie nehmen es weder so wahr, noch stört es sie. Nur der gemeine Fred trübt aus den Kinderaugen heraus manchmal den Kindergartenalltag.

## 2.3 Lernen wir nur für die Schule? – Schulisches Lernen und das Leben nach der Schule

Schon im 18. Jahrhundert bestand in Teilgebieten des heutigen Deutschlands Schulpflicht. Auch wenn aufgrund des ökonomischen Druckes, vor allem innerhalb der armen Bevölkerung, ein regelmäßiger Schulbesuch häufig nicht möglich war, kann davon ausgegangen werden, dass ab Mitte des 19. Jahrhunderts die Schulpflicht fast überall durchgesetzt war.

?

Warum wurde und wird dem Schulbesuch solch eine Bedeutung beigemessen? Warum ließ man schon damals Kinder und Jugendliche lieber die Schulbank drücken, anstatt sie arbeiten zu lassen, um ihre Familien zu unterstützen? Oder – um aus heutiger Sicht zu fragen – was rechtfertigt die Tatsache, dass ein erheblicher Teil volkswirtschaftlicher Ressourcen in Bildung und somit auch Schulen investiert wird?

Diesen Fragen ging Cortina (2010) in einem Beitrag zu „Schuleffekten" nach. Effektivität von Schulen lässt sich nach ihm aus vielen Gründen nur vage erfassen. Schülerinnen und Schüler verbringen von der Grundschule bis zur Oberstufe rund 15.000 Stunden im schulischen Kontext. Aber sicherlich wird nur ein Bruchteil dessen, was während dieser Zeit gelernt wird, auch tatsächlich für den weiteren Lebenslauf von unmittelbarem Nutzen sein. Andererseits erfüllt die Schule dennoch ganz klar verschiedene Funktionen: Sie ermöglicht es Schülerinnen und Schülern, eigene Neigungsfelder frühzeitig zu erkennen und zu entwickeln, verhindert ein zu frühes (und damit eventuell falsches) Festlegen auf Berufsfelder, bietet unabhängig von der Herkunft oder anderen Schülermerkmalen das gleiche Lehrangebot und damit Chancengleichheit, und sie verhilft zumindest zu einem breiten Basiswissen. Große Leistungsunterschiede zeigen sich im deutschen Schulsystem erwartungsgemäß zwischen den verschiedenen Schularten (z. B. Gymnasium vs. Hauptschule) und weniger zwischen einzelnen Schulen der gleichen Art. Zudem ist ein entscheidender Faktor hinsichtlich der Effektivität von Schulen ein guter Unterricht durch geeignetes Lehrpersonal.

Diese Ausführungen leuchten zwar insgesamt ein, bieten aber wenig konkrete Informationen darüber, was innerhalb eines Schuljahres geschieht. Tatsächlich aber beeinflusst nicht nur die Intelligenz schulische Leistungen (intelligentere Schülerinnen und Schüler erzielen bessere schulische Ergebnisse). Gleichzeitig steigt die Intelligenz einer Person auch mit der Länge der Schulbesuchsdauer.

---
**?**
---

Wussten Sie, dass in den Sommerferien der Intelligenzquotient und die schulischen Leistungen von Schulkindern sinken (Hattie 2009)?

---

Bevor Sie Ihre Kinder nun aber in Sommerschulen anmelden und ich mir den Zorn sämtlicher betroffener Schülerinnen und Schüler zuziehe, sei schnell hinzugefügt, dass es sich im Durchschnitt nur um eine kleine Absenkung des IQ handelt, die im folgenden Schuljahr schnell wieder aufgeholt wird. Dennoch weisen solche Befunde darauf hin, dass man nicht „umsonst" die Schulbank drücken muss.

---
**?**
---

Wie sieht es mit den tatsächlichen Schulleistungen und dem in der Schule gelehrten Fachwissen aus? Wird dieses in ausreichendem Maße durch den Schulbesuch gesteigert?

---

Zwei der bekanntesten Bildungsforscher in Deutschland, Olaf Köller und Jürgen Baumert (2012), haben sich unter anderem mit der Entwicklung der Schulleistung im Kindes- und Jugendalter beschäftigt. Es zeigte sich in verschiedenen

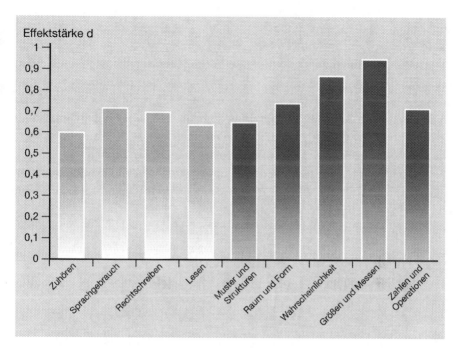

**Abb. 2.2** Leistungsdifferenz zwischen Dritt- und Viertklässlern in Deutsch und Mathematik (Adaptiert nach Granzer et al. 2009; Köller und Baumert 2012)

Studien ganz deutlich, dass Kinder gerade zu Beginn ihrer Schulzeit große Lernfortschritte verzeichnen, wobei der Kompetenzzuwachs mit zunehmender Beschulung sinkt. Das heißt nicht, dass sie durch längeren Schulbesuch verblöden, sondern nur, dass es bei zunehmendem eigenen Kenntnisstand immer schwieriger wird, zusätzliches Wissen darüber hinaus anzuhäufen. Dementsprechend sind in der Grundschule gegenüber der Sekundarstufe größere Wissenszuwächse in einem Fach festzustellen. Ebenfalls nachvollziehbar ist die Tatsache, dass durch den Schulbesuch vor allem Kenntnisse in Deutsch und Mathematik gegenüber z. B. der Chemie erlangt werden. In denjenigen Fächern, die nach dem Lehrplan über die gesamte Schulzeit hinweg relativ umfangreich gelehrt werden, erzielen Schülerinnen und Schüler also die größten Kompetenzzuwächse.

Insgesamt sind dabei die Leistungszuwächse in einem Schuljahr durchaus beachtlich, wie Abb. 2.2 verdeutlicht.

Es werden die Leistungszuwächse zwischen Dritt- und Viertklässlern in verschiedenen Dimensionen des Faches Deutsch und der Mathematik dargestellt. Die aufgeführten Balken zeigen allesamt mittlere bis sehr große Effekte an, die auf einen erheblichen Kompetenzzuwachs zwischen den beiden Schuljahren hindeuten (für weitere Informationen zu Effektstärken siehe auch Abschn. 9.5). Allerdings bedeuten diese Wissenszuwächse nicht, dass wir nun ein Loblied auf die Institution Schule singen dürfen oder müssen. Weniger als die Hälfte der Leistungsunterschiede beim schulischen Lernen können nämlich tatsächlich direkt auf die Schule und die Lehrkraft zurückgeführt werden (Hattie 2009). Ob man etwas aus der Schule an Wissen mitnimmt, wird zum größten Teil durch individuelle Merkmale der Schülerin bzw. des Schülers (z. B. Intelligenz oder Lernmotivation) bestimmt. Außerdem wird das schulische Lernen zumindest in kleinen Teilen auch durch die Familie und die Gleichaltrigen beeinflusst. So entscheidet also auch das Umfeld, ob Leon in der Schule für das spätere Leben vorbereitet wird oder ob er „wichtige Lektionen" eher auf der Straße von seinen Freunden erteilt bekommt, womit wir schon beim folgenden Thema wären.

## 2.4   Welche Rolle spielen Peers? – With a little help of my friends

Was ist einer der entscheidendsten Faktoren, ob eine Jugendliche bzw. ein Jugendlicher strafauffälliges Verhalten zeigen wird?

Zeigt eine Jugendliche bzw. ein Jugendlicher strafauffälliges Verhalten, denkt man wahrscheinlich spontan an ein asoziales Elternhaus oder ein gestörtes Sozialverhalten der betreffenden Person. Tatsächlich aber betont der zweite periodische Sicherheitsbericht des Bundesministeriums für Inneres und des Bundesministeriums für Justiz (2006) die besondere Rolle, die die Gleichaltrigengruppe – in der Fachsprache als Peergroup bezeichnet – für Jugendliche einnimmt. So ist die Anzahl an strafauffälligen Freunden einer der besten Prädiktoren für zukünftige Straftaten einer Person. Dieses zugegebenermaßen Negativbeispiel verdeutlicht, welche Rolle Peers im Leben der Kinder und noch vielmehr der Jugendlichen einnehmen. Genauso können Gleichaltrige natürlich aber auch positiven Einfluss auf Kinder und Jugendliche ausüben.

Intensiver mit der Rolle von Peers hat sich Oswald (2008) auseinandergesetzt. Nach ihm bauen Kinder bereits im Kindergarten erste Freundschaften auf, die sich meist aber schon bei kleinen Streitigkeiten lösen können. Erst im Grundschulalter und danach werden diese Kontakte intensiver, dauerhafter und bedeutsamer für die kindliche Entwicklung. Im Jugendalter nehmen Gleichaltrige dann durchaus eine ähnlich wichtige oder gar wichtigere Rolle als die eigenen Eltern ein. Interessant ist die enge Wirkungsverknüpfung zwischen Eltern und

Peers: So führt beispielsweise eine sichere Bindung an die Eltern (Abschn. 1.2) zu besseren Führungsqualitäten und einem positiveren und sozial verträglicheren Verhalten in Gleichaltrigennetzwerken. Andererseits zieht ein sehr strenges Erziehungsverhalten mit körperlichen Strafen häufig aggressivere Verhaltensweisen der Kinder und letztlich mehr Ablehnung durch Peers nach sich. Dies kann dann bis zu antisozialem und strafauffälligem Verhalten führen. Die Rolle, die die Gleichaltrigen für eine Person einnehmen, wird auch dadurch deutlich, dass die psychische Verfassung und der Lebenserfolg im jungen Erwachsenenalter mit der Zahl der Freunde und dem eigenen Status im Freundeskreis in der Kindheit zusammenhängen. Klar ist auch der Einfluss der Peers auf unangepasstes Verhalten (z. B. Schuleschwänzen, frühes Rauchen, Drogengenuss) sowie auf die Entwicklung eigener Werte und Normen.

Die Ausführungen zeigen auf, dass unser Leben und damit sowohl unsere Persönlichkeitsentwicklung als auch die Leistungen, die wir erbringen, mit zunehmendem Lebensalter immer mehr durch Gleichaltrige beeinflusst werden (Abschn. 7.2. Als Eltern kann man sich da manchmal sehr machtlos vorkommen. Wie kann man der eigenen pubertierenden Tochter oder dem eigenen pubertierenden Sohn klarmachen, dass der coole rauchende und trinkende 14-jährige Peter (oder wie er auch immer heißen mag) nicht der beste Umgang ist? Vielleicht beruhigt es Sie zu wissen, dass durch eine gute Beziehungsgrundlage in frühen Jahren schlechter Einfluss gut kompensiert werden kann. Wenn zwischen Ihnen und Ihren Kindern grundsätzlich eine gute Vertrauensbasis gelegt wurde, werden diese auch als Jugendliche immer noch Sie als wichtigste Bezugspersonen annehmen und auch resistenter gegenüber Stress und negativen Einflüssen von außen sein (Oswald 2008).

## 2.5 Bieten Familien eine Lernumwelt? – Die primäre Sozialisationsinstanz für Kinder

Die bisherigen Ausführungen in diesem Kapitel haben deutlich gemacht, welch vielfältigen Einflüssen die kindliche Entwicklung ausgesetzt ist (siehe auch Kap. 9).

?

Welche Rolle spielt demgegenüber die Familie in der kindlichen Entwicklung?

Die Antwort lautet: eine sehr große! Da zumindest die meisten Kinder in eine Familie hineingeboren werden, sind ihre Eltern und Geschwister die ersten Bezugspersonen. Mit ihnen bauen sie ihre ersten engen Bindungen auf, von ihnen erlernen sie die Sprache, viele Fertigkeiten und Verhaltensweisen. Deshalb wird das Erlernen von sozialen Regeln und Umgangsformen innerhalb des Kontexts Familie auch als primäre Sozialisation bezeichnet, in Abgrenzung zur darauf aufbauenden Weiterentwicklung und Differenzierung von sozialen Verhaltensmustern, der sekundären Sozialisation. Und um einen direkten Vergleich zu ziehen – der Einfluss, den die Familie auf die kindliche Entwicklung hat, ist etwa doppelt bis viermal so groß wie der von vorschulischen Institutionen (Tietze 2008).

Sehr ausführlich mit der Sozialisation im Kontext Familie und mit Familienpsychologie im Allgemeinen hat sich Klaus Schneewind (z. B. 2008b) beschäftigt. Er war nicht nur langjährig im wissenschaftlichen Beirat des Bundesfamilienministeriums tätig, sondern wurde auch vom Berufsverband Deutscher Psychologinnen und Psychologen für seine Leistungen auf diesem Gebiet geehrt. Nach ihm wird Erziehung und Sozialisation im Kontext von Eltern und Kindern im Wesentlichen über drei Wege vermittelt: Eltern fungieren als Interaktions- und Beziehungspartner, als Arrangeure kindlicher Entwicklungsgelegenheiten und über ihre Erziehungs- und Bildungskompetenzen.

In Bezug auf die Beziehungsqualität haben sich insbesondere zwei Verhaltensmuster als sehr relevant erwiesen: Responsivität (also promptes und angemessenes Reagieren der Eltern auf ihre Kinder) und Wärme (also positive Emotionalität beim Umgang mit dem Kind). Beides hängt auch eng mit einer sicheren Bindung zum Kind zusammen (Abschn. 1.2). Gelingt es Eltern, sowohl responsiv gegenüber ihren Kindern zu sein als auch emotionale Wärme auszustrahlen, so sinkt die Wahrscheinlichkeit für spätere Verhaltensauffälligkeiten und psychische Probleme der Kinder, und es steigt die Wahrscheinlichkeit, dass Kinder auch im Kontext Familie erfolgreich lernen können. Als Arrangeure kindlicher Entwicklungsgelegenheiten nehmen Eltern zusätzlich indirekt Einfluss, indem sie bestimmte Betreuungseinrichtungen (Kindergärten, Schulen oder Schulzweige) für ihre Kinder aussuchen, subtil Einfluss auf die Wahl von Freunden und Gleichaltrigennetzwerken ausüben und die Wahl des Wohnortes und damit der Lebensumgebung bestimmen.

Letztlich sind die elterlichen Erziehungs- und Bildungskompetenzen sehr wichtig, zu denen unter anderem der Erziehungsstil zählt. Gegenüber sehr autoritären oder permissiven Erziehungsstilen, bei denen Eltern also entweder sehr streng oder sehr nachlässig sind, hat sich ein „autoritativer" Erziehungsstil als erstrebenswert erwiesen. Hierbei stellen Eltern zwar durchaus hohe Anforderungen an ihre Kinder, sind ihnen zugleich aber emotional auch sehr zugewandt und unterstützen diese. Diese Form der Erziehung führt häufig zu einer günstigen sozial-emotionalen und kognitiven Entwicklung der Kinder. Wichtig in diesem Kontext ist es auch, Kindern eine gewisse Autonomie zuzugestehen (Kap. 8). So zeichnen sich Eltern, die ihre Kinder entwicklungsfördernd erziehen, dadurch aus, dass sie einerseits zwar klare Grenzen setzen, andererseits

Eigenständigkeit und Freiheit innerhalb dieser eher weit gefassten Grenzen fördern und gewähren. Letztlich spielen auch bestimmte Elternkompetenzen eine große Rolle, wie z. B. sich Wissen über die kindliche Entwicklung anzueignen, kindliche Entwicklungspotenziale zu erkennen und die Kinder bei deren Verwirklichung als Tutoren zu unterstützen, positive kindliche Entwicklungsgelegenheiten aufzusuchen und zu kreieren oder auch gegenüber Kindern selbst entschlossen, sicher und kompetent zu handeln.

Leider sind das also schlechte Nachrichten für alle Fans der „guten alten Rohrstock-Erziehung". Aber auch Vertreter der 1968er Generation scheinen mit ihrem „Laisser-faire" ihre Kinder nicht gerade optimal vorangebracht zu haben. Wenn man sich diese Ausführungen durchliest, erscheint vieles selbstverständlich. In der Masse aber wird es sicherlich schwierig, immer alles richtig zu machen – sonst bräuchte auch niemand eine „Supernanny". Bevor aber in Kap. 4, 5 und 6 konkretere Vorschläge für die sinnvolle Gestaltung der familiären Lernumwelt gegeben werden, soll in Kap. 3 zunächst vorgestellt werden, was eine familiäre Lernumwelt überhaupt ist.

---

### Fazit

Die Entwicklung eines Menschen und das Hineinwachsen in die Gesellschaft werden von vielfältigen Einflüssen geprägt. Nicht nur die soziale, kulturelle oder politische Struktur der Gesellschaft, in der unsere Kinder aufwachsen, wirkt sich auf sie und ihr Leben aus, sondern insbesondere die direkten Lernumwelten wie Kindergarten, Schule, Nachbarschaft und Freunde beeinflussen sie. Eine Schlüsselrolle in diesem Kontext spielt die Familie. Diese stellt die erste Sozialisationsinstanz dar und ist Ausgangspunkt all ihrer Fähigkeiten und Eigenschaften. Somit können wir durch die Gestaltung eines guten Familienklimas und die Schaffung einer positiven Lernumwelt mit ausreichendem Anregungsgehalt die Entwicklung unserer Kinder nachhaltig unterstützen.

---

## Literatur

Bundesministerium des Inneren & Bundesministerium der Justiz (2006). *Zweiter periodischer Sicherheitsbericht* (Kapitel 4.1: Kinder und Jugendliche als Täter und Opfer, S. 354–407). Berlin: Bundesministerium des Inneren.

Cortina, K. S. (2010). Schuleffekte. In D. H. Rost (Hrsg.), *Handwörterbuch Pädagogische Psychologie* (4. überarb. und erw. Aufl.; S. 702–710). Weinheim: Beltz.

Geulen, D. & Hurrelmann, K. (1980). In K. Hurrelmann (Hrsg.), *Handbuch der Sozialisationsforschung* (S. 51–67). Weinheim: Beltz.

Granzer, D., Köller, O., Bremerich-Vos, A., van den Heuvel-Panhuizen, M., Reiss, K. & Walther, G. (Hrsg.) (2009). *Bildungsstandards Deutsch und Mathematik*. Weinheim: Beltz.

Hattie, J. A. C. (2009). *Visible Learning: A synthesis of over 800 meta-analyses relating to achievement.* New York: Routledge.

Köller, O. & Baumert, J. (2012). Schulische Leistungen und ihre Messung. In W. Schneider & U. Lindenberger (Hrsg.), *Entwicklungspsychologie* (7. vollst. überarb. Aufl., S. 645–661). Weinheim: Beltz.

Kratzmann, J. & Schneider, T. (2009). Soziale Ungleichheiten beim Schulstart. Empirische Untersuchungen zur Bedeutung der sozialen Herkunft und des Kindergartenbesuchs auf den Zeitpunkt der Einschulung. *Kölner Zeitschrift für Soziologie und Sozialpsychologie, 61,* 1–24.

Niklas, F. (2011). *Vorläuferfertigkeiten im Vorschulalter zur Vorhersage der Schulfähigkeit, späterer Rechenschwäche und Lese- und Rechtschreibschwäche. Diagnostik, Zusammenhänge und Entwicklung in Anbetracht der bevorstehenden Einschulung.* Hamburg: Dr. Kovač.

Niklas, F., Schmiedeler, S., Pröstler, N. & Schneider, W. (2011). Die Bedeutung des Migrationshintergrunds, des Kindergartenbesuchs sowie der Zusammensetzung der Kindergartengruppe für sprachliche Leistungen von Vorschulkindern. *Zeitschrift für Pädagogische Psychologie, 25*(2), 115–130.

Oswald, H. (2008). Sozialisation in Netzwerken Gleichaltriger. In K. Hurrelmann, M. Grundmann & S. Walper (Hrsg.), *Handbuch Sozialisationsforschung* (S. 321–332). Weinheim: Beltz.

Schneewind, K. A. (2008a). Sozialisation und Erziehung im Kontext der Familie. In R. Oerter & L. Montada (Hrsg.), *Entwicklungspsychologie* (6. vollst. überarb. Aufl., S. 117–146). Weinheim: Beltz.

Schneewind, K. A. (2008b). Sozialisation in der Familie. In K. Hurrelmann, M. Grundmann & S. Walper (Hrsg.), *Handbuch Sozialisationsforschung* (S. 256–273). Weinheim: Beltz.

Spiess, C. K., Büchel, F. & Wagner, G. G. (2003). Children's school placement in Germany: Does Kindergarten attendance matter? *Early Childhood Research Quarterly, 18,* 255–270.

Tietze, W. (2008). Sozialisation in Krippe und Kindergarten. In K. Hurrelmann, M. Grundmann & S. Walper (Hrsg.), *Handbuch Sozialisationsforschung* (S. 274–289). Weinheim: Beltz.

# 3

# Was sind familiäre Lernumwelten?

## Inhalt

F. Niklas, *Mit Würfelspiel und Vorlesebuch*, DOI 10.1007/978-3-642-54759-1_3,
© Springer-Verlag Berlin Heidelberg 2014

## 3.1   Was ist wichtiger: Gene oder Umwelt? – Ein kurzer Einblick in die Genom-Umwelt-Debatte

Wie wir in Kap. 2 gesehen haben, ist die Familie, in der wir aufwachsen, sehr wichtig für unsere Sozialisation. Natürlich ist der Einfluss der Familie hauptsächlich zu Beginn, d. h. direkt nach der Geburt und in den ersten Lebensjahren, immens. Trotzdem begleitet und prägt uns unsere Familie auch noch in der späteren Kindheit, im Jugendalter und bis an unser Lebensende. Wie ist das aber mit Kindern, deren Eltern sich sehr früh getrennt haben oder die sehr bald von zu Hause ausgezogen sind und seit frühen Jahren keinen Kontakt mehr zu einem oder beiden Elternteilen hatten? Und wie sollten die leiblichen Eltern Einfluss bei adoptierten Kindern ausüben?

Sicherlich wird in solchen Fällen der Einfluss der leiblichen Eltern etwas geringer ausfallen. Dennoch bleibe ich bei der Behauptung: Wir werden ein Leben lang von unseren Eltern und dem Elternhaus, in dem wir aufwachsen, geprägt. Denn nicht nur das, was wir in der Interaktion mit unseren Eltern erfahren (und damit der Schwerpunkt dieses Buches: die familiäre Lernumwelt) ist von Bedeutung für uns, sondern auch die Grundausstattung, mit der wir auf die Welt kommen: unsere Gene. Damit sind wir auch schon mittendrin in der Debatte, die vor nicht allzu langer Zeit von Thilo Sarrazin (2010) in seinem provokanten Buch *Deutschland schafft sich ab* losgetreten wurde. Bevor in dem vorliegenden Kapitel gezielt auf die familiäre „Lernumwelt" eingegangen wird, soll zunächst kurz ein Einblick in die Genom-Umwelt-Debatte gegeben werden.

Der Mathematiker und Psychologe Jens Asendorpf (z. B. 2007) beschäftigte sich intensiv mit der Frage nach dem Zusammenhang von Genom, d. h. der Gesamtheit unserer Gene, und Umwelt sowie deren Einfluss auf uns und unsere Entwicklung. Zunächst ist hierbei festzustellen, dass unser Genom (abgesehen von Mutationen) konstant bleibt. Allerdings heißt das nicht, dass die Gene immer gleich aktiv sind. Die Genaktivität variiert ständig und unterliegt gewissen Entwicklungsprozessen. Beispielsweise treten manche genetische Krankheiten erst im Erwachsenenalter zutage, wenn bestimmte Gene „eingeschaltet" werden – vorher sind die Betroffenen völlig unauffällig. Hierbei wird auch die Wechselwirkung zwischen Umwelt und Genom ersichtlich. Die genetische Aktivität beeinflusst unser Verhalten und damit auch unsere Umwelt. Die Umwelt und unser Verhalten wiederum können die Genaktivität beeinflussen (nicht aber unser Genom). Vereinfacht zeigt dies Abb. 3.1.

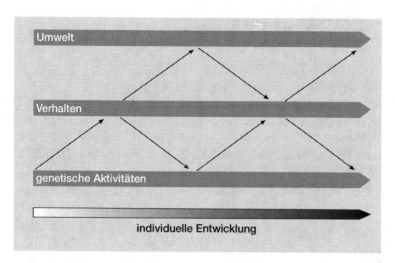

**Abb. 3.1** Modell der individuellen Genom-Umwelt-Wechselwirkung (Adaptiert nach Asendorpf 2007)

Da einerseits unsere genetische Prädisposition dazu führt, dass wir mit Vorliebe gewisse Umwelten aufsuchen und bestimmtes Verhalten zeigen, und andererseits die Genaktivität durch unser Verhalten und unsere Umwelt beeinflusst werden kann (z. B. kann die genetisch bedingte Stoffwechselkrankheit Phenylketonurie durch eine maßgeschneiderte Diät unterdrückt werden), lassen sich genetische und Umwelteinflüsse nur schwer voneinander trennen. Um das Ganze noch komplizierter zu machen, unterscheidet man drei Formen der Genom-Umwelt-Kovarianz, die hier beispielhaft erklärt werden:

- *Passive Genom-Umwelt-Kovarianz:* Ein genetisch für hohe sportliche Leistungen prädispositioniertes Kind wird mit großer Wahrscheinlichkeit aus genetischen Gründen eher sportliche Eltern haben, die damit auch für eine sportliche Umwelt sorgen (z. B. das Kind in den Sportverein mitnehmen). Diese Art der Genom-Umwelt-Kovarianz nimmt mit zunehmendem Alter ab, da die persönliche Umwelt des Kindes immer weniger von außen bestimmt werden wird.
- *Reaktive Genom-Umwelt-Kovarianz:* Die Umwelt reagiert auf genetisch mitbedingte Eigenschaften des Kindes. Das genetisch zu hoher Sportlichkeit prädispositionierte Kind fällt also durch seine sehr guten sportlichen Voraussetzungen und Leistungen auf und übt damit eine Wirkung auf die Umwelt aus. So wird es eventuell durch Trainer besonders gefördert, oder Familienmitglieder besuchen Sportwettkämpfe mit ihrem Kind. Diese Form der Genom-Umwelt-Kovarianz dürfte relativ altersunabhängig sein.
- *Aktive Genom-Umwelt-Kovarianz:* Diese mit dem Alter stark an Bedeutung gewinnende Genom-Umwelt-Kovarianz besteht z. B. darin, dass sich das sportlich prädispositionierte Kind eher Sportschuhe als Geschenk wün-

schen, sich häufiger Freunde mit ebenfalls sportlichen Interessen suchen und freiwillig sportliches Training absolvieren wird.

Was Ihnen aus den Ausführungen klar geworden sein dürfte: So einfach wie es sich Thilo Sarrazin gemacht hat, ist es in Wirklichkeit nicht. Zwar finden sich in seiner Argumentation durchaus gerechtfertigte Aspekte, aber manche Aussagen lassen sich in der vorliegenden Form so nicht halten. Unsere Intelligenz, und wenn wir schon dabei sind, auch die Persönlichkeit und unsere Fähigkeiten, lassen sich nicht mit einem Baukastensystem erklären. Es funktioniert also nicht im Sinne von: Da nehme ich mal ein bisschen Gene und füge noch etwas Umwelt hinzu. Vielmehr entsteht jedes Individuum aus einem komplexen Zusammenspiel zwischen Genom und Umwelt, die sich auch gegenseitig beeinflussen. Da wir uns bekanntlich unsere Eltern nicht aussuchen können, lässt sich (zumindest nach dem derzeitigen Stand der Medizin) an unserer genetischen Grundausstattung nichts ändern. Anders verhält es sich aber mit der Umwelt. Obwohl sich auch viele Umweltfaktoren häufig nur schwer verändern lassen, gibt es hier wenigstens Ansatzpunkte.

Daneben muss man sich mit Hinblick auf die Anlage-Umwelt-Kontroverse noch etwas vor Augen halten: Erblichkeitsschätzungen beziehen sich nie auf einzelne Personen, sondern immer auf Unterschiede innerhalb einer Population. Die Aussage „Meine Intelligenz ist zu 50 % genetisch bedingt" ist also völlig unsinnig. Eine sinnvolle Aussage würde lauten: „Die Intelligenzunterschiede zwischen verschiedenen Personen können in etwa zur Hälfte über deren genetische Grundausstattung erklärt werden." Anschaulich wird der Zusammenhang zwischen Umwelt- und Genomeinfluss auch in Abb. 3.2.

Stellt man sich die genetische Grundausstattung als „Boden" vor, der entweder fruchtbar oder weniger fruchtbar ausfällt, und die Umwelt als „Samen", der gleichmäßig und für alle gleich gestreut wird, so zeigen sich innerhalb der beiden Gruppen Unterschiede, die sich auf die genetische Grundausstattung zurückführen lassen, während zwischen den Gruppen umweltbedingte Unterschiede vorherrschen (z. B. ist die Körpergröße zu großen Teilen genetisch bedingt, aber durch die wesentlich bessere Ernährung sind wir heute deutlich größer als unsere Vorfahren). Stellen Sie sich jetzt noch vor, dass nicht nur die „Bodenqualität", sondern auch die „Samenqualität" ganz unterschiedlich ausfällt, und schon haben Sie den Salat. Abschließend noch eine kleine Frage zur Thematik:

---

**?**

---

**Wann ist der genetische Einfluss gegenüber dem Umwelteinfluss größer: direkt nach der Geburt oder im Erwachsenenalter?**

---

**Abb. 3.2** Gruppenunterschiede und Genom- bzw. Umwelteinfluss (Adaptiert nach Lewontin 1976)

Instinktiv würde man vermuten, dass der genetische Einfluss direkt bei der Geburt am größten ist. Tatsächlich aber nimmt die Bedeutung der Umweltfaktoren später eher ab. Dadurch, dass wir uns im Sinne der aktiven Genom-Umwelt-Kovarianz möglichst optimale Umwelten gezielt aussuchen, in denen wir uns positiv entfalten können, sind die Umweltfaktoren in ihrer Varianz sozusagen nahezu ausgeschöpft. Deshalb schlägt der genetische Einfluss später stärker durch als anfangs.

## 3.2 1 + 1 = 3 oder 4 oder 5? – Familienstruktur und ihre Bedeutung

Haben Sie eigentlich Geschwister? Einige (zugegebenermaßen eher ältere) Studien haben nämlich einen Zusammenhang der Geschwisteranzahl und -position mit den schulischen Leistungen und der Intelligenz von Kindern gefunden.

───── ?　──────────────────────────────────────────

Ist es für die kognitiven Kompetenzen eines Kindes förderlicher, alleine oder mit mehreren Geschwistern aufzuwachsen? Und wenn es mit mehreren Geschwistern aufwächst, ist es dann von Vorteil, das erstgeborene Kind oder etwas später geboren zu sein?

──────────────────────────────────────────────────

And the winner is … das Einzelkind oder zumindest das Erstgeborene! In einer Übersicht geht Lukesch (2006) auf die Befunde einzelner Studien zur Thematik ein. Hierbei zeigte sich, dass mit zunehmender Kinderanzahl ein höherer Notendurchschnitt und eine größere Wahrscheinlichkeit von Schulversagen einhergehen. (Achtung: Es geht nur um Zusammenhänge, nicht um kausale Effekte.) Bei ein bis drei Kindern wirkte sich dies nur geringfügig aus, aber bei mehr als drei Kindern waren deutlichere Unterschiede zu finden. Auch was die Geschwisterposition angeht, zeigte sich, dass Erstgeborene leichte Vorteile sowohl hinsichtlich der Intelligenz als auch hinsichtlich des schulischen Erfolgs haben.

Warum zeigen sich solche Ergebnisse? Zunächst einmal hängt die Kinderanzahl mit einer Reihe von weiteren Faktoren zusammen. So finden sich drei oder mehr Kinder überproportional häufig in Familien mit niedrigerem Bildungsstand, während Frauen mit akademischem Abschluss zumeist nur ein oder zwei Kinder bekommen, falls überhaupt (Statistisches Bundesamt 2012a). Weiterhin ist zu erwarten, dass in Großfamilien dem einzelnen Kind (und insbesondere später geborenen Kindern) insgesamt weniger Aufmerksamkeit und in schulischen Belangen weniger Hilfe zuteilwerden kann, als dies bei Kleinfamilien der Fall ist. Zudem kommt wieder die Vererbung ins Spiel: Kinder von Eltern mit hohen Bildungsabschlüssen und damit auch tendenziell höherer Intelligenz, bekommen diese gute Voraussetzung zum Teil vererbt. Wenn nun aber Eltern mit höheren Bildungsabschlüssen zumeist nur ein oder zwei Kinder haben, ist es nicht verwunderlich, dass die Kinderanzahl einen Zusammenhang mit schulischem Erfolg aufweist.

───── ?　──────────────────────────────────────────

Gibt es weitere strukturelle Merkmale der Familie, die die kindliche Entwicklung beeinflussen?

──────────────────────────────────────────────────

Neben Geschwisteranzahl und -position können auch andere strukturelle Merkmale einer Familie die kindliche Entwicklung beeinflussen. In Kap. 1 haben wir gesehen, dass die traditionelle Kernfamilie mit drei Generationen unter einem Dach schon lange nicht mehr der Realität in Deutschland entspricht, sondern neue und vielfältige Formen des Zusammenlebens von Erwachsenen und Kindern bestehen.

Aufgrund der Daten des „Kinder- und Jugendgesundheitssurvey" (KiGGS) des Robert Koch-Instituts gingen Seyda und Lampert (2009) genauer der Frage nach, inwieweit die Familienstruktur mit der Gesundheit der 17.641 befragten und untersuchten Kinder und Jugendlichen im Alter von elf bis 17 Jahren zusammenhing. Dies war für die Autoren von Interesse, da laut US-amerikanischen Studien Kinder aus Kernfamilien nicht nur bessere schulische Leistungen als Kinder aus nicht traditionellen Familienformen zeigten, sondern auch eine bessere Gesundheit und ein geringeres Risiko für Alkohol- und Tabakkonsum aufwiesen. Tatsächlich zeigte sich auch bei den deutschen KiGGS-Daten, dass Kinder von Alleinerziehenden oder in Stiefelternfamilien häufiger rauchten und ein erhöhtes Risiko für psychische Auffälligkeiten aufwiesen.

Gilt es nach diesen Befunden, Kernfamilien um jeden Preis zusammenzuhalten, auch wenn der Alltag für alle Beteiligten unerträglich ist? Und sollten Sie nun ein radikaler Anhänger der chinesischen Ein-Kind-Politik werden? Bevor Sie die chinesische Flagge hissen, sollten Sie berücksichtigen, dass die bislang gefundenen Zusammenhänge der Familienstruktur mit kognitiven Merkmalen von Kindern häufig sehr gering ausfallen (Pekrun 2002). Außerdem sind es nicht die Strukturmerkmale an sich, die als solche wirksam sind, sondern diese hängen mit entwicklungsrelevanten Variablen zusammen (z. B. mit Stressfaktoren, der ökonomischen Situation oder den Erziehungspraktiken in der Familie; Abschn. 3.5). So zeigte sich auch in den oben beschriebenen Analysen von Seyda und Lampert (2009), dass weniger die Familienstruktur an sich die kindliche Gesundheit beeinflusste als vielmehr familiäre Ressourcen, die Eltern-Kind-Beziehung sowie das Gesundheitsverhalten der Eltern. Insgesamt haben Familienmerkmale rein struktureller Art also wenig direkte Erklärungskraft (Pekrun 2002). Hinzu kommt, dass neben kognitiven und gesundheitlichen Aspekten auch die soziale und emotionale Entwicklung eines Kindes wichtig sind. Hierbei können beispielsweise auch Geschwister eine wichtige Rolle spielen. Sollten Sie also mehr als drei Kinder haben, müssen Sie sich allein deshalb sicherlich keine Sorgen um deren Entwicklung machen.

## 3.3 Was ist der sozioökonomische Status? – Akademiker- und Arbeiterkinder im Vergleich

In der Nachkriegszeit galt eine bestimmte Bevölkerungsgruppe als bildungstechnisch besonders benachteiligt. Es handelte sich um die „katholischen Arbeitermädchen vom Lande". Tatsächlich waren früher bildungstechnische Ungleichheiten eher bedingt durch das Geschlecht, durch regionale Gegebenheiten oder durch die Konfessionszugehörigkeit. Unterschiede zwischen dem Bildungserfolg der Geschlechter gibt es auch heute noch, aber aktuell sind es eher die Jungen, die den Mädchen etwas hinterherhinken. Doch dies ist ein anderes Thema, auf das in diesem Buch nicht näher eingegangen werden kann.

Wesentlich brisanter sind allerdings auch Befunde, die den sozioökonomischen Status (SÖS) und einen eventuell vorhandenen Migrationshintergrund betreffen. So finden sich beispielsweise bei Kindern aus Familien mit einem niedrigeren SÖS und Migrationshintergrund wesentlich höhere Hauptschul- und wesentlich geringere Gymnasialbesuchsquoten (Autorengruppe Bildungsberichterstattung 2008). Auf die Rolle des Migrationshintergrunds wird in Abschn. 3.4 genauer eingegangen.

---

**?**

Was ist der sozioökonomische Status einer Familie und welche Zusammenhänge hat der SÖS mit kindlichen Kompetenzen?

---

Zunächst folgt der Versuch einer Begriffsbestimmung:

**Definition** Der **sozioökonomische Status (SÖS)** einer Familie ist der zentrale Aspekt der strukturellen Herkunftsmerkmale einer Familie, der die soziale Herkunft eines Kindes widerspiegelt. Hierbei werden die Eltern in einer sozialen Hierarchie hinsichtlich ihrer finanziellen Mittel, ihres Prestiges oder ihrer Macht bzw. ihres Einflusses in der Gesellschaft eingeordnet. Üblicherweise schließt man von der Berufstätigkeit und dem Prestige der ausgeübten Berufe der Eltern auf die Stellung in der sozialen Hierarchie, aber es besteht auch die Möglichkeit, den SÖS über das Haushaltseinkommen oder die Bildung der Eltern zu bestimmen (Baumert und Maaz 2006).

Es macht also scheinbar einen Unterschied aus, ob der Vater seine Brötchen als Arzt, Bäcker oder Hilfsarbeiter verdient, und ob die Mutter eine höhere Schule besucht und deshalb eventuell mehr Einkommen zur Verfügung hat oder ob sie die Schule abgebrochen hat und nicht arbeitet. Einen Beleg für die Bedeutsamkeit des SÖS bieten die großen internationalen Bildungsstudien wie z. B. PISA (Programme for International Student Assessment). Als vor über einem Jahrzehnt die Ergebnisse der ersten PISA-Studie veröffentlicht wurden (z. B. Artelt et al. 2001) prägte der Begriff „PISA-Schock" die deutsche Medienlandschaft. Aber nicht nur die Tatsache, dass deutsche Schülerinnen und Schüler der 9. Klassen im Durchschnitt hinsichtlich ihrer schriftsprachlichen und mathematischen Kompetenzen allenfalls Mittelmaß waren, führte zu Beunruhigung. Gleichzeitig zeigten sich insbesondere in Deutschland auch gravierende Unterschiede aufgrund des sozialen Hintergrunds. Kinder aus Familien mit niedrigem SÖS lasen und rechneten deutlich schlechter als die Töchter und Söhne von z. B. Ärzten und Richterinnen. Zwar verbesserte sich die Situation bis PISA 2009 etwas, sowohl hinsichtlich des Gesamtleistungsniveaus der Schülerinnen und Schüler als auch hinsichtlich der Leistungsschere aufgrund des sozialen Hintergrunds. Dennoch blieb die enge Verknüpfung von SÖS und Leistung weiterhin deutlich bestehen (Klieme et al. 2010). Ähnliche Befunde zeigten sich auch in weiteren großen Bildungsstudien schon für das Ende der Grundschulzeit (z. B. Bos et al. 2007).

---

? 

Legt der Beruf der Eltern den Bildungsweg und -erfolg der Kinder fest, bevor sie überhaupt das erste Mal ein Schulgebäude betreten haben?

---

Nein, natürlich ist weder der Beruf noch die Bildung oder das Einkommen der Eltern der letztlich kausal entscheidende Faktor. Ursächlich für die Unterschiede sind andere Aspekte, die mit dem SÖS zusammenhängen.

Intensiv setzten sich Bradley und Corwyn (2002) mit dem Zusammenhang von SÖS und der kindlichen Entwicklung auseinander. In ihrer Übersicht stellten die Autoren zunächst fest, dass Kinder aus Familien mit niedrigerem SÖS im Durchschnitt nicht nur schlechtere Schulleistungen zeigten, sondern auch eine schlechtere gesundheitliche Verfassung aufwiesen und von einer Reihe gesundheitlicher Probleme überproportional häufig betroffen waren. Darüber hinaus traten bei Jugendlichen aus Familien mit niedrigerem SÖS häufiger sozioemotionale Fehlanpassungen, psychische Erkrankungen wie beispielsweise Depressionen und auch delinquentes Verhalten auf. Insgesamt schlossen die Autoren, dass es für nahezu alle Entwicklungsbereiche klare Belege für eine Benachteiligung von Kindern aus Familien mit niedrigem SÖS gibt.

---

? 

Was sind die Hintergründe und Wirkmechanismen für die Benachteiligung durch einen niedrigen SÖS?

---

Diese Frage konnte bislang noch nicht endgültig beantwortet werden. Das Problem ist, dass ganz verschiedene Faktoren zusammenspielen, sodass der Einzeleinfluss des SÖS kaum zu bestimmen ist. So hängt ein niedriger SÖS häufiger auch mit einem Migrationshintergrund (Abschn. 3.4), dem Alleinerziehen der Kinder, ungünstigeren Lebensumwelten und Erkrankungen der Eltern zusammen. Auch biologische und genetische Faktoren spielen eine Rolle bei der Interaktion. Dennoch werden nach Bradley und Corwyn (2002) einige Wirkmechanismen als sehr wahrscheinlich angenommen. Gesundheitliche Probleme bei niedrigem SÖS können z. B. durch schlechtere Ernährung, schlechteren Zugang zum Gesundheitssystem und über schlechtere Wohnbedingungen erklärt werden. Weiterhin steht ein niedriger SÖS auch mit einer Reihe von Stressfaktoren im Zusammenhang wie z. B. Armut, ökonomischer Unsicherheit, häufigen Umzügen, familiärer Gewalt oder auch Substanzmissbrauch in der Familie. Diese Faktoren können dann ebenfalls die kindliche Entwicklung beeinträchtigen. In Bezug auf schulische Kompetenzen spielen in erster Linie die familiäre Lernumwelt und ihre Aspekte eine Rolle (Abschn. 3.5, Kap. 4 und 5). So bieten Familien mit niedrigerem SÖS beispielsweise häufig weniger förderliche Ressourcen wie z. B. Bücher, unterstützen ihre Kinder weniger häufig und gut in schulischen Belangen und üben wenig förderliche Erziehungsstile aus.

Damit ist also klar, dass der SÖS einer Familie einen durchaus relevanten Faktor in der kindlichen Entwicklung darstellt. Allerdings ist es weniger der Status an sich und damit die Bildung, der Beruf oder das Einkommen der Eltern, die direkt einen solchen Einfluss ausüben. Das bedeutet dann natürlich auch, dass ein niedriger SÖS nicht zwangsläufig eine negative Entwicklung eines Kindes zur Folge hat. Es gibt genügend Eltern, die trotz geringerer eigener Bildung und eher niedrigem Einkommen ihren Kindern beste Voraussetzungen bieten – leider ist dies aber bei der Mehrzahl der Familien mit niedrigem SÖS nicht der Fall. Umgekehrt heißt das aber auch: Nur weil Sie, um bei den obigen Beispielen zu bleiben, Arzt oder Richterin sind, bedeutet das noch lange nicht, dass Ihre Sprösslinge eine rosige Zukunft vor sich haben werden – da sind immer noch Sie selbst gefragt.

## 3.4 Sprichst du Deutsch? – Die Rolle des Migrationshintergrunds

„Hey, fährst du Rathaus?" Diese und ähnliche Formulierungen kennt wahrscheinlich jeder von uns. Manche werden darüber vielleicht den Kopf schütteln, andere etwas schmunzeln. Wenn man sich ein Bild von einer Person vorstellen soll, die diese Frage gestellt haben könnte, werden viele wahrscheinlich an eine Person mit Migrationshintergrund denken.

**Definition** Zu den Personen mit **Migrationshintergrund** zählt das Statistische Bundesamt alle seit 1950 nach Deutschland Zugewanderten und deren Nachkommen, wobei die Mehrheit von ihnen einen deutschen Pass besitzt. Tatsache ist, dass im Jahr 2011 insgesamt fast jeder fünfte in Deutschland lebende Mensch und mittlerweile fast jeder dritte im Alter von null bis 15 Jahren einen Migrationshintergrund aufwies (Statistisches Bundesamt 2012b).

Tatsächlich geht solch ein Migrationshintergrund mit durchschnittlich geringeren schulischen Kompetenzen einher. Dabei sind nicht nur die sprachlichen Fähigkeiten betroffen, sondern auch in den Bereichen Mathematik und Naturwissenschaften schneiden Kinder und Jugendliche mit Migrationshintergrund im Durchschnitt schlechter ab. Erneut verdeutlichen die großen Bildungsstudien diese Problematik (z. B. Bonson et al. 2008). Die Ursprünge der Unterschiede finden sich aber schon viel früher.

In einer Untersuchung von Niklas et al. (2012) wurden 922 Kinder in den letzten anderthalb Kindergartenjahren und bis zum Ende der 1. Klasse hinsichtlich ihrer mathematischen und schriftsprachlichen Leistungen untersucht. Dabei hatte über ein Viertel der Kinder zwei im Ausland geborene Elternteile und knapp ein Fünftel zumindest ein Elternteil, das im Ausland geboren wurde. Über den gesamten Untersuchungszeitraum hinweg zeigte sich, dass Kinder ohne Migrationshintergrund diesen beiden Gruppen deutlich überlegen waren, egal ob es sich um Kompetenzen wie Rechnen, Zählen, die Reimfähigkeit, den Wortschatz, Lesen oder Rechtschreiben handelte. Verglich man die beiden Gruppen mit Migrationshintergrund untereinander, so wiesen Kinder mit nur einem im Ausland geborenen Elternteil bessere Leistungen im Kindergarten auf; es fanden sich aber keine Unterschiede mehr in der 1. Klasse.

Schon vor der Einschulung zeigt sich also eine Ungleichheit zwischen Kindern mit und ohne Migrationshintergrund, was deren schulrelevanten Kompetenzen angeht. Berücksichtigt man zusätzlich die Ergebnisse der internationalen Bildungsstudien, dann ziehen sich diese Differenzen durch die gesamte Bildungslaufbahn und münden in schlechteren beruflichen Perspektiven und einem geringeren Einkommen von Menschen mit Migrationshintergrund.

? 

Ist die Tatsache, dass eine Person oder eine Familie nach Deutschland eingewandert ist, ursächlich für die schlechteren schulischen Leistungen der Kinder?

Natürlich ist dies nicht der Fall. So verschwanden z. B. in der Untersuchung von Niklas et al. (2012) sämtliche Unterschiede in der Mathematikleistung aufgrund des Migrationshintergrunds, wenn andere Variablen wie z. B. Merkmale der familiären Lernumwelt berücksichtigt wurden. Ähnlich wie beim SÖS hängt also auch ein vorhandener Migrationshintergrund mit einer Reihe von Faktoren zusammen, die dann tatsächlich ursächlich für das schlechtere Abschneiden der Kinder sind (Abschn. 3.3). Und auch ein niedriger SÖS selbst weist eine enge Verknüpfung mit einem Migrationshintergrund auf, wobei überproportional viele Familien mit Migrationshintergrund einen geringeren SÖS aufweisen. Somit finden sich in beiden Fällen jeweils durchschnittlich größere wirtschaftliche Nachteile (Stanat et al. 2010). Dieses Problem der ethnischen Schichtungen entsteht dadurch, dass es selten zu einer strukturellen Assimilation und Sozialintegration der Migranten an die bestehende Gesellschaft kommt. Damit verbunden sind oft eine nicht deutsche Familiensprache sowie fehlende sprachliche Kenntnisse und deren Auswirkungen auf die schulischen und beruflichen Leistungen und das spätere Einkommen (Esser 2006). Wieder gilt aber das bereits in Abschn. 3.3 Gesagte: Natürlich gibt es auch sehr viele Kinder mit Migrationshintergrund, die eine sehr gute Schullaufbahn absolvieren und sehr erfolgreich im späteren Leben sind – abhängig ist dies allerdings unter anderem davon, inwieweit ihre Eltern und ihre Umwelt sie unterstützen (können) und welchen sprachlichen Input sie erhalten. Grundsätzlich kann das Aufwachsen mit zwei oder mehr Sprachen (also Bilingualismus) sogar sehr förderliche Effekte haben (Adesope et al. 2010). Bei der Frage „Fährst Du Rathaus?" kann man allerdings hoffen, dass diese tatsächlich nur scherzhaft und umgangssprachlich gebraucht wird.

## 3.5 Wie interagiere ich mit meinem Kind? – Prozessmerkmale in einer Familie

Die vorhergehenden Abschnitte haben verdeutlicht, dass eine Reihe von eher distalen Hintergrundmerkmalen einer Familie wie z. B. die Familienstruktur, der SÖS oder ein vorhandener Migrationshintergrund mit der kindlichen Entwicklung zusammenhängen. Allerdings wurde auch deutlich, dass es weniger diese Aspekte einer Familie sind, die direkt Einfluss nehmen. Vielmehr finden sich für diese Hintergrundmerkmale selbst wiederum komplexe Interaktionen mit weiteren relevanten Faktoren wie z. B. der ökonomischen Situation, familiärem Stress, der schulischen Unterstützung oder auch der Qualität von sprachlichen Vorbildern. Bei diesen sogenannten Prozessmerkmalen einer Familie ist nun tatsächlich von einer kausalen Wirksamkeit für die kindliche Kompetenzentwicklung auszugehen. Dabei üben Eltern gezielt oder auch ungezielt Einfluss dadurch aus, dass sie eine mehr oder weniger stimulierende familiäre Lernumwelt anbieten, ihre Kinder beim Kompetenzerwerb instruieren und unterstützen, selbst als Modelle dienen und sie motivieren. Abbildung 3.3 veranschaulicht die Zusammenhänge.

Dies klingt natürlich hier etwas einfacher, als die Umsetzung in der Realität meistens ist. Wenn alles so einfach wäre, hätte ja jeder von uns den Traumjob, den Traumpartner bzw. die Traumpartnerin, würde den eigenen Kindern eine optimale Lernumwelt bieten, und niemand würde dieses Buch lesen. Das Schöne aber ist, dass sich diese Prozessmerkmale wesentlich leichter ändern

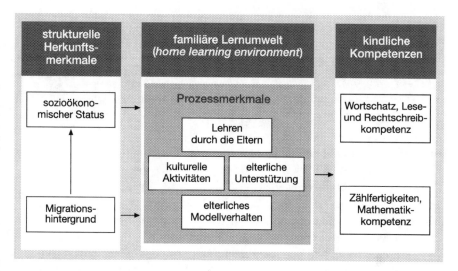

**Abb. 3.3** Übersicht über die Zusammenhänge der strukturellen Hintergrundmerkmale einer Familie mit der Lernumwelt und den kindlichen Kompetenzen

lassen als die strukturellen Hintergrundmerkmale. Denn während der Migrationshintergrund ein Leben lang besteht und ein Hilfsarbeiter nur schwerlich zum Anwalt aufsteigen kann, bieten sich bei den Prozessmerkmalen konkrete Aspekte im Alltag, die sich verändern lassen, wie die folgenden Kapitel zeigen werden.

**Fazit**

Auch wenn durch die Familienstruktur einige Weichen für die Entwicklung unserer Kinder schon gestellt sind, können wir uns bemühen, die sogenannten Prozessmerkmale unserer familiären Lernumwelt zu verbessern. Und dieser Aufwand lohnt sich! Roßbach et al. (2008) haben sich im Auftrag des Bundesministeriums für Bildung und Forschung intensiv mit der kindlichen Entwicklung und deren Bedingungsfaktoren auseinandergesetzt. Hierzu analysierten sie mehrere internationale Längsschnittstudien und stellten fest, dass die soziale Herkunft der Eltern und deren Bildungsstand in ihrer Bedeutsamkeit für die Bildungsentwicklung der Kinder hinter dem zurückbleiben, was die Eltern mit ihren Kindern an kulturellen und förderlichen Aktivitäten unternehmen. Um es mit einfachen Worten zu sagen: Es kommt nicht darauf an, was Sie sind. Es kommt darauf an, was Sie daraus machen. Damit haben wir als Eltern und Erzieher unserer Kinder zugleich eine große Chance, aber auch eine große Pflicht.

# Literatur

Adesope, O. O., Lavin, T., Thompson, T. & Ungerleider, C. (2010). A systematic review and meta-analysis of the cognitive correlates of bilingualism. *Review of Educational Research, 80*(2), 207–245.

Artelt, C., Baumert, J., Klieme, E., Neubrand, M., Prenzel, M., Schiefele, U. et al. (Hrsg.). (2001). *PISA 2000. Zusammenfassung zentraler Befunde.* Berlin: Max-Planck-Institut für Bildungsforschung.

Asendorpf, J. B. (2007). Interaktion und Kovariation von Genom und Umwelt. In M. Hasselhorn & W. Schneider (Hrsg.), *Handbuch der Entwicklungspsychologie* (S. 119—128). Göttingen: Hogrefe.

Autorengruppe Bildungsberichterstattung (Hrsg.). (2008). *Bildung in Deutschland 2008. Ein indikatorengestützter Bericht mit einer Analyse zu Übergängen im Anschluss an den Sekundarbereich I.* Bielefeld: Bertelsmann Verlag.

Baumert, J. & Maaz, K. (2006). Das theoretische und methodische Konzept von PISA zur Erfassung sozialer und kultureller Ressourcen der Herkunftsfamilie: Internationale und nationale Rahmenkonzeption. In J. Baumert, P. Stanat & R. Watermann (Hrsg.), *Herkunftsbedingte Disparitäten im Bildungswesen: Differenzielle Bildungsprozesse und Probleme der Verteilungsgerechtigkeit. Vertiefende Analysen im Rahmen von PISA 2000* (S. 11–29). Wiesbaden: VS Verlag für Sozialwissenschaften.

Bradley, R. H. & Corwyn, R. F. (2002). Socioeconomic status and child development. *Annual Review of Psychology, 53,* 371–399.

Bonson, M., Kummer, N. & Bos, W. (2008). Schülerinnen und Schüler mit Migrationshintergrund. In W. Bos, M. Bonsen, J. Baumert, M. Prenzel, C. Selter & G. Walther (Hrsg.), *TIMSS 2007. Mathematische und naturwissenschaftliche Kompetenzen von Grundschulkindern in Deutschland im internationalen Vergleich* (S. 157–175). Münster: Waxmann.

Bos, W., Schwippert, K. & Stubbe, T.C. (2007). Die Kopplung von sozialer Herkunft und Schülerleistung im internationalen Vergleich. In W. Bos, S. Hornberg, K.-H. Arnold, G. Faust, L. Fried, E.-M. Lankes, K. Schwippert & R. Valtin (Hrsg.), *IGLU 2006. Lesekompetenzen von Grundschulkindern in Deutschland im internationalen Vergleich* (S. 225–248). Münster: Waxmann.

Esser, G. (2006). Strukturelle Assimilation und ethnische Schichtung. In A. Ittel & H. Merkens (Hrsg.), *Interdisziplinäre Jugendforschung. Jugendliche zwischen Familie, Freunden und Feinden* (S. 89–104). Wiesbaden: VS Verlag für Sozialwissenschaften.

Klieme, E., Artelt, C., Hartig, J., Jude, N., Köller, O., Prenzel, M., Schneider, W. & Stanat, P. (Hrsg.). (2010). *PISA 2009. Bilanz nach einem Jahrzehnt.* Münster: Waxmann.

Lewontin, R. (1976). Race and intelligence. In N. J. Block & G. Dworkin (Hrsg.), *The IQ controversy: Critical readings* (S. 78–112). New York: Pantheon.

Lukesch, H. (2006). *Einführung in die Pädagogische Psychologie.* Regensburg: Roderer.

Niklas, F., Segerer, R., Schmiedeler, S. & Schneider, W. (2012). Findet sich ein „Matthäus-Effekt" in der Kompetenzentwicklung von jungen Kindern mit oder ohne Migrationshintergrund? *Frühe Bildung, 1*(1), 26–33.

Pekrun, R. (2002). Familie, Schule und Entwicklung. In S. Walper & R. Pekrun (Hrsg.), *Familie und Entwicklung* (S. 84–104). Göttingen: Hogrefe.

Roßbach, H.-G., Kluczniok, K. & Isenmann, D. (2008). Erfahrungen aus internationalen Längsschnittuntersuchungen. In H.-G. Roßbach & S. Weinert (Hrsg.), *Kindliche Kompetenzen im Elementarbereich: Förderbarkeit, Bedeutung und Messung* (S. 7–88). Bonn: Bundesministerium für Bildung und Forschung.

Sarrazin, T. (2010). *Deutschland schafft sich ab. Wie wir unser Land aufs Spiel setzen.* München: Deutsche Verlags-Anstalt.

Seyda, S. & Lampert, T. (2009). Familienstruktur und Gesundheit von Kindern und Jugendlichen. *Zeitschrift für Familienforschung, 21*(2), 168–192.

Stanat, P., Rauch, D. & Segeritz, M. (2010). Schülerinnen und Schüler mit Migrationshintergrund. In E. Klieme, C. Artelt, J. Hartig, N. Jude, O. Köller, M. Prenzel, W. Schneider & P. Stanat (Hrsg.), *PISA 2009. Bilanz nach einem Jahrzehnt* (S. 200–230). Münster: Waxmann.

Statistisches Bundesamt (2012a). *Geburten in Deutschland. Ausgabe 2012.* Wiesbaden: Statistisches Bundesamt.

Statistisches Bundesamt (2012b). *Bevölkerung mit Migrationshintergrund – Ergebnisse des Mikrozensus 2011. Fachserie 1, Reihe 2.2.* Wiesbaden: Statistisches Bundesamt.

# 4

# Wie lassen sich Schriftsprachleistungen in der Familie fördern?

## Inhalt

F. Niklas, *Mit Würfelspiel und Vorlesebuch*, DOI 10.1007/978-3-642-54759-1_4,
© Springer-Verlag Berlin Heidelberg 2014

## 4.1    Reden ist Silber, Schweigen ist Gold? – Am Anfang war das Wort

Wenn ein Kind geboren wird, bestehen die Hauptaufgaben zunächst darin zu wachsen, die neue fremdartige Welt zu verarbeiten und sich nach und nach verschiedene Kompetenzen anzueignen. Was den sprachlichen Bereich angeht, so muss es Laute zuerst einmal wahrnehmen. In einem nächsten Schritt muss aus dem Kauderwelsch an Lauten und Geräuschen, das täglich auf das Kleine einrieselt, ein Sinn entnommen werden. Die Aufgabe der Eltern (oder auch anderer Personen) besteht darin, dem Kind reichlich „Input" zu bieten (auch wenn dieser zu Beginn meist nur aus „Dutsi, Dutsi" oder „Bist du aber süß!" besteht). Obwohl manche Sprachforscher davon ausgehen, dass wir als Menschen die Voraussetzungen für Sprache in die Wiege gelegt bekommen (in der Fachsprache als Language Acquisition Device, kurz LAD, bezeichnet), ist man sich doch einig, dass Unterstützung von außen essenziell ist.

In einem interessanten Artikel beschäftigte sich der schwedische Forscher Ingvar Lundberg (2002) mit der frühen kindlichen Entwicklung auf dem Weg zum ersten Lesen. Zusammen mit Kollegen hatte er bereits in den 1980er Jahren als einer der Ersten die Bedeutung spezifischer vorschulischer Förderung für Vorschulkinder bewiesen. Kinder, denen man beigebracht hatte, besser zu reimen oder aus Wörtern einzelne Laute zu identifizieren, taten sich beim späteren Leseerwerb leichter (Abschn. 4.6). Neben dieser Fähigkeit, die in der Fachsprache „phonologische Bewusstheit" genannt wird, spielt nach Lundberg aber auch der Wortschatz beim Lese-Rechtschreib-Erwerb eine besondere Rolle. Dies ist relativ eingängig – wer viele Wörter kennt, kann diese später auch leichter erlesen, eher richtig schreiben und in einen Sinnzusammenhang stellen.

---
? 

Wie viele Wörter hört ein zweijähriges Kind durchschnittlich an einem einzelnen Tag? Wie viele Wörter kennt eine Jugendliche oder ein Jugendlicher im Alter von 16 Jahren durchschnittlich?

---

Lundberg (2002) berichtet, dass ein zweijähriges Kind zwischen 20.000 und 40.000 Wörter an einem Tag hört und dass wir bis ins Jugendalter etwa 50.000 Wörter lernen, auch wenn wir nicht alle davon aktiv gebrauchen.

Leider kommen aber auch hier die Unterschiede aufgrund der sozialen Herkunft (Abschn. 3.3) wieder deutlich zum Tragen: Kinder aus höheren Schichten hören im Durchschnitt nicht nur dreimal so viele Wörter in den ersten drei Lebensjahren im Vergleich zu Kindern aus schwachen Schichten. Nein, Akademikerkinder erhalten auch häufig einen qualitativ hochwertigeren und positiveren (im Sinne von freundlicheren) sprachlichen Input.

Wichtig sind dabei nicht nur normale Gespräche mit dem Kind oder in der Nähe des Kindes. Möglichst gezielt sollten auch Geschichten erzählt oder Lieder gesungen werden. So werden Möglichkeiten zur verbalen Interaktion von Kindern mit ihren Eltern in vielfältiger Weise explizit als ein Kennzeichen einer gelungenen sprachlichen Lernumwelt aufgefasst (Saracho 2002).

Sie sehen also – auch wenn das bekannte Sprichwort „Reden ist Silber, Schweigen ist Gold" oft seine Berechtigung hat (man denke nur an manche Politiker oder bestimmte Personen aus der Regenbogenpresse), so ist es in der frühen familiären Lernumwelt sicherlich fehl am Platz!

## 4.2   Gibt es die eierlegende Wollmilchsau des Schriftspracherwerbs? – Die Bedeutung des Vorlesens

Bei der Untersuchung der familiären Lernumwelt gibt es kaum einen Aspekt, der intensiver untersucht worden ist als das Vorlesen. Nach wie vor lesen laut „Stiftung Lesen" (2013) etwa 30 % der Eltern ihren Kindern nur selten oder nie vor. Dies gilt besonders für Familien aus bildungsfernen Schichten. Außerdem lesen Väter wesentlich seltener vor als Mütter. Aber ist Vorlesen wirklich so wichtig und kann man damit Kinder tatsächlich in ihrem Schriftspracherwerb unterstützen?

Anhand von Daten einer australischen Längsschnittstudie konnten Farrant und Zubrick (2012) zeigen, dass Kinder, denen viel vorgelesen wurde, schon frühzeitig einen größeren Wortschatz aufwiesen. Im Rahmen der Studie „Growing Up in Australia: The Longitudinal Study of Australian Children" untersuchten sie die Familien von knapp 2200 Kindern hinsichtlich des frühen Vorlesens. Die Kinder waren zu Beginn der Studie durchschnittlich neun Monate alt. Überprüft wurden neben der Häufigkeit des Vorlesens auch Charakteristiken des Kindes, der Mütter und der Familien. Es zeigte sich, dass der Wortschatz der Kinder mit drei Jahren durch das Vorlesen wesentlich besser vorhergesagt werden konnte als durch Alter, Geschlecht und Temperament der Kinder. Auch die Bildung und der Erziehungsstil der Mütter sowie das Haushaltseinkommen oder die Geschwisteranzahl waren dem Vorlesen gegenüber nur nachgeordnete Faktoren.

?

**Was nutzt Kindern ein großer Wortschatz?**

Nun ist es ja schön und gut, dass „Vorlesekinder" so viele Wörter kennen. Die Frage, die sich aber stellt, ist, ob es irgendwelche Vorteile bringt, wenn jemand bestimmte Wörter kennt, die andere nicht im eigenen Wortschatz zur Verfügung haben. Was hilft es z. B., wenn man den Begriff „Hierarchie" erklären und sinnvoll verwenden kann (übrigens eine Fähigkeit, die man der verbalen Intelligenz zuordnet)?

Aktuelle Studien, auch aus dem deutschsprachigen Raum, belegen ganz eindeutig, dass ein größerer Wortschatz im Vorschulalter später zu besserem Leseverständnis und einer besseren Rechtschreibung führt (Ennemoser et al. 2012). Ein Kind, das schon im Kindergartenalter mehr Wörter kennt, gehört auch am Ende der Grundschulzeit zumeist zu denjenigen, die Textinhalte besser verstehen und wiedergeben können sowie im Diktat weniger Fehler machen.

Vorlesen erhöht also den Wortschatz, und dieser erweiterte Wortschatz wiederum führt zu besseren Schriftsprachleistungen. Allerdings handelt es sich bei den bislang beschriebenen Zusammenhängen nur um indirekte (in der Fachsprache „vermittelte" bzw. „mediierte") Effekte.

**Gibt es eine direkte Verbindung zwischen Vorlesen und sprachlichen Fähigkeiten?**

Zur Beantwortung dieser Frage kann man auf die Analysen von Park (2008) zurückgreifen. Er verwendete die Daten der IGLU-Studie (IGLU ist die deutsche Abkürzung für „Internationale Grundschul-Lese-Untersuchung", die internationale Abkürzung PIRLS steht für „Progress in International Reading Literacy Study") und verglich für 25 Länder den Einfluss der familiären Lernumwelt auf die Leseleistung von knapp 100.000 Kindern. Hierbei fasste er (wie bei vielen aktuelleren Untersuchungen üblich) zahlreiche Aspekte zu einem Gesamtmaß für „literarische Aktivitäten zu Hause" zusammen. Neben dem Vorlesen im Vorschulalter wurden so auch das Geschichtenerzählen, Liedersingen oder das Benennen von Zeichen und Schriftzügen erfasst. Dieses Maß hing direkt mit den Leseleistungen der Kinder am Ende der Grundschulzeit zusammen. Es lässt sich also folgern, dass Kinder, die mehr sprachlichen Input erhalten haben und denen häufiger vorgelesen wurde, später im Durchschnitt deutlich bessere Leser werden.

Das Vorlesen stellt also tatsächlich einen sehr wichtigen Aspekt der familiären Förderung dar. Es wirkt sowohl indirekt über den größeren Wortschatz als auch direkt auf spätere schriftsprachliche Kompetenzen von Kindern ein. Damit erweist sich das Vorlesen als eine relativ einfache Maßnahme, mit der Kinder zu Hause unterstützt werden können. Doch Vorsicht: Vorlesen ist nicht gleich Vorlesen! So macht es einen großen Unterschied, ob man dem Kind gegenüber sitzt und gelangweilt die Vorlesegeschichte runterliest oder ob man gemeinsam mit dem Kind interaktiv eine Vorlesesituation gestaltet. In letzterem Fall, bei dem den Kindern z. B. Fragen zum Text gestellt und die Antworten der Kinder wiederholt und erweitert werden, spricht man vom dialogischen Vorlesen.

---

**Dialogisches Vorlesen (dialogic reading)**   ist eine Form des Vorlesens, bei der einem Kind nicht nur der eigentliche Vorlesetext vorgelesen, sondern darüber hinaus eine intensive Interaktion angestrebt wird. Dies wird erreicht, indem man dem Kind z. B. „W-Fragen" stellt, die Antworten des Kindes wiederholt und erweitert sowie über den Text hinaus erzählt, Verständnisfragen klärt oder auch Interesse für den Vorlesetext zeigt (z. B. Lever und Sénéchal 2010).

---

Wie man sich denken kann, macht das dialogische Vorlesen Kindern nicht nur mehr Spaß (Erwachsenen übrigens auch), sondern es fördert Kinder auch besser in ihrer schriftsprachlichen Kompetenzentwicklung als „herkömmliches" Vorlesen. Dies wurde mittlerweile in einer Reihe von Studien belegt (z. B. Hargrave und Sénéchal 2000).

Allerdings übertreiben manche gut gemeinte Studien mit der „Lobhudelei" auf das Vorlesen. So wurde Vorlesen beispielsweise damit in Verbindung gebracht, dass Jugendliche, denen als Kind vorgelesen wurde, häufiger Sport treiben würden und musikalischer wären. In diesem Sinne könnte man sicherlich auch folgern, dass Vorlesekinder höchstwahrscheinlich besser die Umwelt schützen und seltener Straftaten begehen. Dies hat dann jedoch weniger damit zu tun, dass ihnen seit früher Kindheit häufiger vorgelesen wurde, sondern liegt vielmehr daran, dass bei diesen Kindern im Durchschnitt auch andere, weitere günstige Faktoren vorliegen (z. B. kommen sie häufiger aus Familien mit einem höheren sozioökonomischen Status).

Auch wenn das Vorlesen nun vielleicht nicht unbedingt die eierlegende Wollmilchsau für ein rundum glückliches und zufriedenes Leben ist, so muss doch noch einmal betont werden, dass es tatsächlich eine sehr wichtige Unterstützung beim Sprach- und Schriftspracherwerb von Kindern darstellt. Also springen Sie heute Abend über Ihren Schatten und wählen Sie eine schön lange Gutenachtgeschichte!

## 4.3  Wie der Vater, so der Sohne? – Der Apfel fällt nicht weit vom Stamm

Vielleicht kennen Sie den Comic, bei dem der Vater wutentbrannt den Sohn bei der Gurgel packt und in einer Sprechblase erklärt: „Dich werde ich lehren, deine Schwester noch einmal zu schlagen!" Dieses Bild mag uns zum Schmunzeln bringen, zumindest wenn wir schwarzen Humor mögen. Der Hintergrund jedoch ist natürlich alles andere als lustig, denn es wird deutlich, dass der Sohn nur die Verhaltensweisen seines Vaters kopiert.

_____ ? _____

Stimmt es, dass unsere Kinder sich an dem orientieren, was ihnen vorgemacht wird?

_____

Ein klassisches Experiment der Sozialpsychologie ist als Bobo-Doll-Experiment in die Geschichte eingegangen und wurde auf vielfältige Art und Weise repliziert. (Bobo ist eine Puppe, die sich immer wieder aufrichtet, wenn man sie schlägt.) Der Initiator der ersten Studien, Albert Bandura, wollte mit seinen Kollegen (z. B. 1963) herausfinden, inwieweit sich Kinder aggressive Verhaltensweisen von anderen abschauen. Damit wollte er unter anderem auch die sehr alte, aber immer wieder populäre Katharsis-Hypothese überprüfen. Diese Hypothese besagt, dass das Ausleben von Aggressionen (z. B. indem man gegen einen Boxsack schlägt) zu einer Verringerung der Aggression führt.

In seinen Experimenten sahen Kinder nun verschiedene Modelle (z. B. entweder eine Comicfigur, eine Frau oder einen Mann im Fernsehen oder in der Realität), die sich gegenüber der Puppe „Bobo" aggressiv verhielten. Variiert wurde in verschiedenen Experimenten außerdem, ob die aggressiven Modelle für ihr Verhalten danach belohnt oder bestraft wurden oder ob keine Konsequenzen erfolgten. Konnte die Katharsis-Hypothese bestätigt werden und die Kinder waren nach der Beobachtung aggressiven Verhaltens von den eigenen Aggressionen „geheilt"?

Nein, eher das Gegenteil war der Fall und die Katharsis-Hypothese konnte in diesen Experimenten nicht bestätigt werden. Alle Kinder konnten, unabhängig von den Modellen und den Konsequenzen, die vorgemachten aggressiven Verhaltensweisen beschreiben oder nachmachen, wenn sie danach gefragt wurden. Darüber hinaus wendeten insbesondere diejenigen Kinder, bei denen Modelle für ihre Aggression belohnt wurden, auch aktiv bei Frustrationen die gezeigten Gewalthandlungen an. Besonders häufig kam es zu Imitationen, wenn die aggressiven Modelle von den Kindern als attraktiv (im Sinne von bedeutsam) angesehen wurden.

Jetzt kann man sich fragen, was denn das Lernen aggressiver Verhaltensweisen mit Schriftsprachleistungen von Kindern zu tun haben soll. Auf den ersten Blick nichts, aber der gleiche Wirkmechanismus, der in Banduras Experimenten dazu führte, dass Kinder eher gewalttätiges Verhalten zeigten, wenn dieses ihnen vorgemacht wurde, wirkt auch beim Lesen. Da dies umso stärker der Fall ist, je attraktiver das Modell ist (zumindest in den Augen des Kin-

**Abb. 4.1**   Kleine Kinder imitieren ihre Vorbilder

des), können Sie sich sicherlich vorstellen, welch wichtige Rolle Sie als Modell einnehmen. Etwas scherzhaft verdeutlicht wird dies auch in Abb. 4.1.

Nehmen Sie sich also auch wenn Ihre Kinder zugegen sind, ruhig öfter mal ein gutes Buch zur Hand! Sie können es auch zusammen mit einem Stück Schokolade genießen. Dass Sie naschen, sehen Ihre Kinder dann zwar auch, aber man kann ja nun wirklich nicht immer alles perfekt machen!

## 4.4   Was sollen Kinder mit einer „Bibliothek" anfangen? – Literarische Umwelten

Werfen Sie mal einen Blick in Ihre Regale zu Hause. Finden sich dort nur noch die Pflichtlektüren aus Schulzeiten und Ausbildung (soweit diese nicht schon längst entsorgt wurden) oder füllen bei Ihnen die Bücher ganze Regalreihen? Natürlich variiert die Bücheranzahl von Haushalt zu Haushalt und im Vergleich von früher und heute. Aber schon in einer sehr frühen Untersuchung von Nystrom (1931) in den USA wurde festgestellt, dass in den damals 50 untersuchten Haushalten durchschnittlich 150 Bücher, davon 22 Kinderbücher, vorhanden waren.

---

? 

**Welche Bedeutung hat es, ob drei oder 300 Bücher zu Hause im Regal stehen?**

---

Tatsächlich erwies sich in der überwiegenden Mehrzahl der Studien zum Einfluss der familiären Lernumwelt auf die Schriftsprachentwicklung von Kindern ein ganz bestimmter Faktor als zentral. Man könnte nun vermuten, dass höchstwahrscheinlich das Vorleseverhalten solch eine zentrale Rolle einnimmt. Tatsächlich aber handelt es sich bei diesem Aspekt um die Bücheranzahl im Haushalt. Dies zeigte unter anderem auch in der in Abschn. 4.2 bereits erwähnten Untersuchung von 25 Ländern durch Park (2008) sowie in der im Folgenden beschriebenen Studie:

In einer großen deutschen Längsschnittstudie untersuchten McElvany et al. (2009) die Entwicklung der Lesekompetenz von knapp 800 Grundschülern zum Ende der Grundschulzeit. Von Interesse für die Forscher war dabei unter anderem auch, welche Aspekte der familiären Lernumwelt in welcher Weise dazu beitragen, dass die Kinder eine gewisse Lesekompetenz entwickeln. Die Anzahl an Büchern und Kinderbüchern im Haushalt erwies sich hierbei als ein bedeutsamerer Faktor als z. B. das Bildungsniveau oder ein vorhandener Migrationshintergrund der Eltern, aber auch als wichtiger als die elterlichen Einstellungen und Unterstützungskompetenzen in schulischen Belangen sowie kulturelle Aktivitäten und Gespräche, die Eltern mit ihren Kindern unternahmen bzw. führten. Dabei übte die reine Bücheranzahl Einfluss sowohl auf den Wortschatz der Kinder als auch direkt auf ihre Lesekompetenz aus. Ein weiterer relevanter Aspekt, der jedoch weniger direkt die Lesekompetenz vorhersagte als vielmehr Leseverhalten und Lesemotivation beeinflusste, war übrigens der Besuch von Bibliotheken mit Kindern.

---

? 

**Genügt es, eine umfangreiche Heimbibliothek anzuschaffen, um die Schriftsprachentwicklung zu fördern?**

---

Nein, ganz so einfach ist es leider nicht. Ganz abgesehen davon, dass es ein sehr teures Unterfangen ist, eine umfangreiche Privatbibliothek auszustatten, ist weniger der Buchbesitz an sich bedeutsam. Vielmehr hängen mit der Bücheranzahl im Haushalt viele wichtige Faktoren wie z. B. das elterliche Lese- und Vorleseverhalten, der sozioökonomische Status und der Stellenwert des Lesens im Alltag ganz allgemein sehr eng zusammen, welche die wichtige Stellung des Buchbesitzes bedingen.

Das klingt danach, als ob es sich kaum lohnt mit der Anschaffung von Büchern zu beginnen, wenn Sie bislang nur wenige im Regal stehen haben. Das stimmt aber nicht so: Sie sollten nur parallel zur Bibliothekserweiterung auch Ihr Lese- und Vorleseverhalten verbessern! Studien, in denen Eltern gezielt mit geeigneten Bücherpaketen ausgestattet wurden, konnten zeigen, dass das zusätzliche Lesematerial tatsächlich genutzt wurde und die Kinder davon profitierten (z. B. Dever und Burts 2002; Weitzman et al. 2004). Sie haben natürlich auch die Möglichkeit, Bibliotheken aufzusuchen und sich kostengünstig Lesematerial auszuleihen. Es reicht aber leider nicht, wenn Sie die geliehenen Bücher dann nicht auch nutzen. Ansonsten könnten Sie sich auch einfach Buchattrappen ins Regal stellen, um mit einem reichhaltigen „Bücherschatz" zu prahlen. Solche Attrappen mögen zwar ganz nett anzusehen sein, sie helfen Ihrem Kind aber sicher nicht in dessen Entwicklung.

## 4.5  Was bietet der Alltag? – Alltagsgelegenheiten nicht ungenutzt verstreichen lassen

Kaum fahren Sie mit dem Auto an einem roten Schild vorbei, auf oder über dem sich ein goldener Doppelbogen spannt, und schon geht das Geschrei auf der Rückbank los. „Können wir bitte, bitte bei McDonald's essen?" Dabei ist es schon erstaunlich, dass selbst junge Kinder, die sonst kaum einen Buchstaben richtig benennen können, das Emblem und den Schriftzug richtig identifizieren. Um dem Verdacht von Schleichwerbung zu entkommen, sei im Übrigen angemerkt, dass dergleichen natürlich auch bei anderen Firmen der Fall sein kann, egal ob diese nun Burger King, Kentucky Fried Chicken oder sonst wie heißen. Was dieses Beispiel zeigen soll, ist die Tatsache, dass Kinder schon lange vor dem Erwerb der Lesekompetenz verstehen, dass bestimmte Zeichen, in diesem Fall Buchstaben, für bestimmte Dinge stehen und uns damit Informationen liefern.

Das ist eine ungemein spannende Erkenntnis für Kinder, sei es dass ihnen fantastische Welten beim Vorlesen von Buchstaben eröffnet werden oder dass ein Rezept genau vorgibt, was eingekauft und wie gekocht werden muss, damit das Essen schmeckt. Kinder begreifen also schon früh, dass das geschriebene Wort eine sehr wichtige Stellung in unserem Alltag einnimmt. Damit steigert sich meist auch das Interesse daran, diese geheimnisvolle Zeichensprache kennen und verstehen zu lernen. Gelegenheiten bieten sich tagtäglich auf jeden Fall genügend. So lassen sich problemlos Einkaufszettel oder auch E-Mails gemeinsam mit Kindern verfassen, die noch nicht lesen und schreiben können.

Bei solchen Gelegenheiten können Kinder nebenbei viele Dinge über Schrift lernen, und das ist durchaus relevant.

In einer Längsschnittstudie untersuchte Schneider (2008), welche Fähigkeiten im Kindergartenalter Lese- und Rechtschreibleistungen im Grundschulalter vorhersagen konnten. Es wurden etwa 200 Kinder ab dem Alter von vier Jahren regelmäßig untersucht und ihre Intelligenz sowie verschiedene Kompetenzen erfasst, die mit schriftsprachlichen Leistungen zusammenhängen könnten. Hierbei erwiesen sich insbesondere die sogenannte „phonologische Bewusstheit" (Abschn. 4.6), aber auch die frühe Schriftsprachkompetenz als wichtige Voraussetzungen für spätere Leistungen in Schulleistungstests. Zu dieser frühen Schriftsprachkompetenz zählt z. B., den eigenen Namen schreiben zu können, vertraute Objekte wie Reklamebilder oder Verkehrsschilder mit Buchstaben zu identifizieren und auch Buchstaben richtig benennen zu können. Kinder, die bei diesen Aufgaben im Kindergartenalter besser abschnitten, waren später im Durchschnitt auch die besseren Leser und machten im Diktat weniger Fehler.

Weitere frühe Schriftsprachkompetenzen, die sich leicht im Alltag vermitteln lassen, umfassen z. B. das Wissen, dass wir von links nach rechts lesen oder auch wo ein Satz oder ein Wort beginnt und endet. Kinder, die spielerisch und aus Wissbegierde diese Dinge erlernen, haben es in der Schule mit der relativ komplexen Aufgabe des Schriftspracherwerbs leichter. Viele dieser Dinge lassen sich auch beim Vorlesen erklären. So weisen Kindergartenkinder, denen vorgelesen wurde, zumeist auch ein größeres Wissen über das Schriftwesen auf (Purcell-Gates 2001).

Und manchmal kann man auch zwei Fliegen mit einer Klappe schlagen: Raffen Sie sich also auf und schreiben Sie mal wieder einen Brief an die Schwiegereltern, und zwar gemeinsam mit Ihren Kindern – nicht nur Ihre Schwiegereltern, sondern auch Ihre Kinder werden es Ihnen (hoffentlich) danken!

## 4.6   Wie kann man Sprache spielerisch fördern? – Reim- und Wortspiele sind kein Kinderkram

A, B, C, die Katze liegt im Schnee. Ri Ra Rutsch, wir fahren mit der Kutsch. Backe, backe Kuchen, der Bäcker hat gerufen … Sicher kennen Sie diese und andere Kinderreime. Aber wie lange ist es her, dass Sie mit Ihren Kindern herumgealbert und einfach drauf losgereimt haben? Damit ist weniger gemeint, dass Sie ein klassisches Gedicht in Reimform rezitiert oder gar verfasst haben. Aber Kindern macht es Spaß, mit Sprache zu spielen und dabei neue Ausdrucksmöglichkeiten kennenzulernen. Sprachspiele richten die Aufmerksamkeit auf Betonung, Klang und Rhythmus der Sprache und gerade kleineren Kindern macht es meist viel Freude, Verse weiterzureimen. Solche Spiele sind dabei eine sehr sinnvolle Unterstützung von Kindern beim Schriftspracherwerb. Mit zunehmendem Alter gewinnen Wortspiele und das Reimen an Bedeutung. Hierbei spielt die sogenannte „phonologische (lautliche) Bewusstheit" eine Rolle. Sie ist eine wichtige Voraussetzung, um später leichter Lesen und Rechtschreiben zu lernen.

**Phonologische Bewusstheit (PB)** ist die Fähigkeit, die Lautstruktur der Sprache zu identifizieren und auch zu manipulieren. Man unterscheidet die PB im weiteren Sinne, bei der es um größere Spracheinheiten wie Silben, Reime und Wörter geht, von der PB im engeren Sinne, die Einzellaute in den Fokus rückt (z. B. Schneider und Marx 2008).

Jemand, der eine gute PB aufweist, ist gut darin, Reimwörter auf vorgegebene Wörter zu finden oder z. B. das Wort „Sonne" in die Laute „s" „o" „n" „e" zu unterteilen. Es geht dabei weder darum, dass Buchstabennamen gelernt und richtig benannt werden (also z. B. ein „EM" am Anfang von „Meer"), noch darum, Wörter in ihrer richtigen Schreibweise zu buchstabieren. Tatsächlich sollen diejenigen Laute, die man hört, identifiziert werden können (also ein „mmm" am Anfang von „Meer"). Eine anspruchsvollere Aufgabe zur PB im engeren Sinne wäre z. B. den Anfangslaut von „Klaus" zu isolieren und das übrig bleibende Wort zu benennen (also „kkk" und „Laus") oder umgekehrt aus den Einzellauten „f" „l" „o" „s" das Wort „Floß" zusammenzusetzen.

——— ? ———

Inwiefern helfen Wortspiele, leichter lesen und schreiben zu lernen?

In eindrucksvollen Studien hat die Arbeitsgruppe um Schneider (z. B. Schneider et al. 2000; Schneider et al. 1999) mehrfach zeigen können, dass Trainings der phonologischen Bewusstheit im Kindergarten (z. B. mit *Hören, lauschen, lernen* von Küspert und Schneider 2006) dazu beitrugen, dass Kinder nicht nur bei Aufgaben zur PB besser abschnitten, sondern auch in der Schule Vorteile aufwiesen (sowohl beim Lesen als auch insbesondere beim Rechtschreiben). Hierbei wirkte das Training zwar in manchen Einzelfällen nicht, insgesamt aber sowohl bei Kindern mit guten als auch bei solchen mit geringeren Vorkenntnissen. Aus diesem Grund wird es mittlerweile in vielen Kindergärten standardmäßig mit den Vorschulkindern durchgeführt.

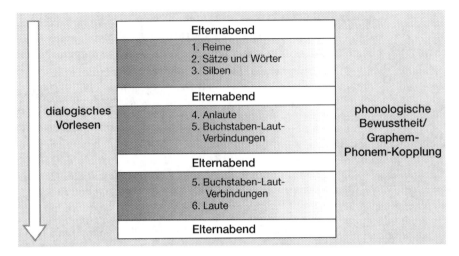

**Abb. 4.2** Schematische Darstellung des Trainingsverlaufs (Adaptiert nach Rückert et al. 2010)

Diese Trainings sind nicht nur in Kindergärten von Erfolg gekrönt, wo sie von ausgebildeten Erzieherinnen durchgeführt werden. Sie lassen sich auch in den Alltag einbinden und funktionieren ebenso in der familiären Lernumwelt.

In einer aktuellen Studie untersuchten Rückert et al. (2010) genau dies. Sie schrieben hierzu in München Familien mit Kindern im geeigneten Alter an und boten die Teilnahme an ihrem Projekt an. Die teilnehmenden Kinder und ihre Eltern wurden in zwei Gruppen aufgeteilt: Eine Gruppe fungierte als Wartekontrollgruppe (d. h. bei diesen Familien wurde erst nach Studienabschluss eine Intervention durchgeführt), in der anderen Gruppe hingegen fanden in einem Zeitraum von 16 Wochen vier Elternabende statt, und die Eltern wurden gezielt dazu aufgefordert, mit ihren Kindern täglich etwa 10–15 min lang bestimmte Aktivitäten durchzuführen, z. B. dialogisches Vorlesen und Reimspiele (Abb. 4.2).

Durch diesen Studienaufbau war es den Wissenschaftlerinnen und Wissenschaftlern möglich, direkt zu vergleichen, ob ihre Maßnahmen den Kindern aus der Interventionsgruppe Vorteile gegenüber den Kindern aus der Wartekontrollgruppe brachten. Tatsächlich zeigte sich, dass diejenigen Kinder, deren Eltern an den Informationsabenden teilnahmen und zu Hause förderten, in ihrer PB gegenüber den restlichen Kindern deutlichere Fortschritte machten und sich auch ihr Textverständnis bei vorgelesenen Geschichten tendenziell stärker verbesserte.

Damit wird also klar, dass auch Eltern ohne allzu großen Aufwand die PB ihrer Kinder effektiv fördern können. Natürlich ist diese Fähigkeit nur für einen begrenzten Zeitraum von besonderer Bedeutung. Bei fortgeschrittenen Lese- und Rechtschreibkompetenzen hilft die PB nur noch in geringerem Ausmaß (Kap. 7). Dennoch gilt für Kinder im Kindergarten- und frühen Grundschulalter: „Hopp, hopp, hopp, Pferdchen lauf Galopp…" und „Heile, heile Segen, drei Tage Regen …".

## 4.7   Gelernt wird erst in der Schule? – Gezieltes Lehren in der Familie

Lange Zeit wurde der Schulbeginn als Ausgangspunkt für schriftsprachliches Lehren und Lernen in der kindlichen Entwicklung angesehen. Von dieser Vorstellung ist man in den letzten Jahren jedoch abgekommen. Inzwischen ist klar, dass Kinder schon lange vor ihrer Einschulung wissbegierig und bereit sind, sich verschiedene Kompetenzen anzueignen.

?
Wann sollte mit der Frühförderung unserer Kinder begonnen werden?

Bei der Frage nach dem richtigen Alter, in denen Kindern etwas gezielt beigebracht werden sollte, scheiden sich die Geister. Während die einen eher dafür sind, Kindern schon frühzeitig und damit weit vor der Einschulung Wissen zu vermitteln, stehen die anderen ganz in der Tradition der deutschen Pädagogik, bei der eine „ganzheitliche" Förderung und Entwicklung sowie die freie Entfaltung der Kinder im Vordergrund stehen. Dies bedeutet nicht, dass Kinder nichts lernen dürfen oder sollen, aber ein explizites Lehren ist eher nicht vorgesehen. Einig ist man sich aber darüber, dass Kinder schon von Geburt an täglich dazulernen. Ganz unabhängig davon, ob man frühes Lehren von Kindern nun befürwortet oder als schädlich für die kindliche Persönlichkeitsentwicklung ansieht, gilt es zu klären, ob es überhaupt einen Nutzen hat.

?
Inwieweit trägt vorschulisches Lehren in Familien zur Kompetenzentwicklung von Kindern bei?

Sénéchal und LeFevre (2002) untersuchten 168 Familien über einen Zeitraum von fünf Jahren. Die Kinder waren zu Beginn der Studie vier Jahre alt und besuchten Kindergärten in Kanada. Verfolgt wurden ihre Sprachleistungen bis zum Ende der 3. Klasse. Zu Beginn der Studie wurden die Eltern gefragt, wie häufig sie ihren Kindern Lesen und Schreiben beibringen. Damit wurde also erfasst, inwieweit Eltern zu Hause „lehren".

Es konnte gezeigt werden, dass Kinder, die häufiger von ihren Eltern „belehrt" wurden, nicht nur eine bessere phonologische Bewusstheit (Abschn. 4.6) und größere Buchstabenkenntnisse im Kindergarten aufwiesen, sondern auch bessere Leser in der 1. und tendenziell in der 3. Klasse waren. Das frühe Lehren förderte dabei insbesondere die Buchstabenkenntnis der Kinder und verhalf zu einem leichteren Einstieg beim Lesenlernen in der 1. Klasse.

Grundsätzlich ist festzustellen, dass die familiäre Lernumwelt bei jüngeren Kindern selten direkt auf schulische Leistungen einwirkt. Vielmehr stärkt eine positiv gestaltete Lernumwelt bei den in ihr lebenden Kindern wichtige Vorläuferkompetenzen wie z. B. den Umfang des Wortschatzes, die Buchstabenkenntnis und die phonologische Bewusstheit.

In den Analysen von Niklas und Schneider (2013) wurden 921 Kinder aus Deutschland anderthalb Jahre vor der Einschulung bis zum Ende der 1. Klasse untersucht. Die Eltern wurden dabei z. B. hinsichtlich ihres Vorlese- und Leseverhaltens, der Häufigkeit von Bibliotheksbesuchen und ihres Fernsehverhaltens (Abschn. 4.8) befragt. Mit den Kindern wurden Wortschatztests und Reimaufgaben durchgeführt, und sie sollten einige Buchstaben benennen. Am Ende der 1. Klasse mussten die Kinder zudem einen Lesetest bewältigen und ein Diktat schreiben. Es zeigte sich ganz klar, dass eine positivere Lernumwelt vor allem die Vorläuferfertigkeiten stärkte, anhand derer sich wiederum die Schulleistungen vorhersagen ließen. Dieses Ergebnis zeigte sich auch dann, wenn die Intelligenz der Kinder sowie Herkunftsmerkmale der Familien berücksichtigt wurden.

Abbildung 4.3 verdeutlicht noch einmal die Zusammenhänge der frühen familiären Lernumwelt mit beginnenden Schriftsprachkompetenzen, wie sie sich in der Forschung darstellen. Hintergrundvariablen wie sozioökonomischer Status und Migrationshintergrund nehmen Einfluss darauf, wie sich die familiäre Lernumwelt darstellt. Diese besteht im schriftsprachlichen Bereich im Schwerpunkt aus dem Vorlese- und Leseverhalten der Eltern und Kinder, der literarischen Umwelt, die Eltern ihren Kindern bieten, sowie aus der Förderung, die Eltern ihren Kindern zuteilwerden lassen. Die familiäre Lernumwelt wiederum beeinflusst dann die Vorläuferfertigkeiten der Kinder. Man sieht also, dass die familiäre Lernumwelt – und dazu gehört in gewissem Umfang auch das gezielte Lehren – förderliche Effekte hat.

Um es aber noch einmal deutlich zu sagen: Es geht nicht darum, die Schule und schulische Inhalte bereits im Kindergartenalter in der Familie zu vermitteln. Ein solches Vorgehen würde wahrscheinlich auch Ihrem Kind und Ihnen wenig Freude bereiten. Vielmehr geht es darum, diejenigen Gelegenheiten aufzugreifen, die sich im Alltag bieten und die ihr Kind initiiert. Hierzu ein

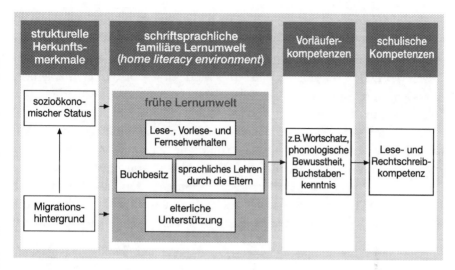

**Abb. 4.3** Übersicht über die Zusammenhänge der frühen schriftsprachlichen Lernumwelt mit Schriftsprachkompetenzen

Beispiel: Vor Kurzem war mein vierjähriges Patenkind zu Besuch. Der Anlass war der Geburtstag meines kleinen Sohnes. Wir hatten am Geburtstagstisch einen Holzzug aufgestellt, auf dessen Waggons der Name des Geburtstagskindes in einzelnen Buchstaben aufgesteckt war. Nach einem kurzen Blick darauf berichtete mein Patenkind: „Die beiden da kenn ich. Das ist das ‚e‘ und das hier das ‚l‘ – die kommen auch in meinem Namen vor." Mein Bruder und seine Frau hatten ihre Tochter in keinster Weise gedrillt, schon in jungen Jahren die Buchstaben des eigenen Namens zu erlernen. Vielmehr war sie selbst schon früh daran interessiert, ihren Namen schreiben und lesen zu können. An der Geburtstagsfeier wollte sie deshalb unbedingt auch die anderen Buchstaben erklärt bekommen, und es machte ihr riesig Spaß, die Buchstabenfolge zu vertauschen und sich die neu entstehenden „Namen" vorlesen zu lassen (vor allem wenn sie kaum aussprechbar waren). In genau solch einem Rahmen sollte in der Familie sinnvollerweise „gelehrt" werden. Greifen sie also das Interesse Ihres Kindes auf, und Sie werden sehen, wie schön „Lehren" in der Familie sein kann.

## 4.8  Schadet das bisschen Fernsehen? – Die Rolle des Fernsehens in der familiären Lernumwelt

Nahezu jeder Haushalt in Deutschland besitzt ein Fernsehgerät (egal, ob und wie dieses nun genutzt wird), und über die Hälfte aller Kinder und Jugendlichen im Alter zwischen zwölf und 19 Jahren nennen einen Fernseher ihr Eigen nennen (Medienpädagogischer Verbund Südwest 2011). Je nach Geschmack könnten Sie oder Ihre Kinder sich also mit den letzten Entscheidungen bei DSDS, Germanys Next Top Model, the Voice of Germany oder dem Dschungel-Camp auskennen, über den letzten Tatort mitdiskutieren, bei Quizshows mitraten oder auch Sportprogramme verfolgen.

Zahlreiche Bücher befassen sich mit dem Fernsehen und seinem Einfluss auf den Alltag. Dabei wird Fernsehen von manchen verdammt, von anderen hingegen als großartiges Medium zur Verbesserung von Lebensqualität und als wertvoller Wissensvermittler gepriesen. Ohne nun das Fass „Schaden und Nutzen von Fernsehen" hier wirklich aufmachen zu wollen, soll an dieser Stelle der Zusammenhang von Fernsehkonsum und schriftsprachlichen Leistungen bei jüngeren Kindern genauer beleuchtet werden.

---

Ist Fernsehen schädlich für die kindliche Entwicklung? Worauf sollten wir beim Fernsehkonsum unserer Kinder achten?

---

In einer Längsschnittstudie mit 332 Kindern untersuchten Ennemoser et al. (2003) das Fernsehverhalten von Kindergartenkindern und Grundschülern über einen längeren Zeitraum hinweg und setzten dieses in Verbindung mit ihren schriftsprachlichen Leistungen. Da eine einfache Befragung zum täglichen Fernsehkonsum häufig nicht unbedingt zu richtigen Antworten führt (wir neigen alle dazu, das eigene Verhalten zu beschönigen – in der Fachsprache nennt man dies „sozial erwünscht" antworten), baten die Untersucher die Eltern, halbjährlich eine Woche lang ein Tagebuch zu führen. In diesen Tagebüchern sollten sie den Alltag der Kinder möglichst genau aufschreiben. Aufgrund dieser Daten wurde dann der tägliche Fernsehkonsum der Kinder berechnet.

Wie erwartet zeigte sich zunächst ein saisonaler Trend in der Hinsicht, dass im Winter deutlich mehr ferngesehen wurde als im Sommer. Auch hing der sozioökonomische Status mit der Fernsehdauer der Kinder zusammen. Familien mit einem höheren sozioökonomischen Status schauten durchschnittlich weniger fern. Letztlich unterschieden sich die Kinder auch an sich deutlich hinsichtlich des Fernsehkonsums voneinander. Dies zeigte sich bei der Einteilung in drei Gruppen durch die Forscher. Während in der Gruppe der Wenigseher (55 Kinder) der Fernseher ca. 15–30 min täglich benutzt wurde, lief die Glotze bei den Vielsehern (64 Kinder) 2–3 h täglich. Bei den restlichen etwa 200 Kindern wurde täglich ungefähr 1 h ferngesehen. Ein ganz klares Ergebnis sowohl für die Kindergarten- als auch die Grundschulzeit war, dass eine höhere Fernsehdauer mit schlechterem Wortschatz, schlechterer phonologischer Bewusstheit und geringeren Leseleistungen einherging. Allerdings zeigte sich das weniger bei den Kindern mit geringem oder normalem Fernsehkonsum, sondern es waren die Vielseher, die in besonderem Maße schlecht abschnitten. Diese Kinder mit besonders langer durchschnittlicher Fernsehdauer erzielten deutlich schlechtere Ergebnisse in den schriftsprachlichen Tests.

Aus diesen Befunden lässt sich schlussfolgern: Ja, Fernsehen kann „schädlich" sein, und nein, ein absolutes Fernsehverbot ist weder nötig noch unbedingt sinnvoll. Vielmehr kommt es, wie bei vielen Dingen, auf das richtige Maß der Dinge an. Babys und Kleinkinder vermissen es ganz bestimmt noch nicht fernzusehen und können bestens anders beschäftigt werden. Auch bei jüngeren Kindern im Kindergarten- oder Grundschulalter sollte der Fernsehkonsum deutlich eingeschränkt sein und möglichst nicht mehr als eine, später vielleicht zwei (kindgerechte) Sendungen am Tag umfassen. Andererseits muss auch gesagt werden, dass der durchschnittliche Fernsehkonsum in anderen Ländern noch viel höher ist. In den USA liegt er beispielsweise bei im Durchschnitt 4 h täglich und mehr – trotzdem wachsen auch dort viele vernünftige Menschen heran.

Abschließend sei auf drei Aspekte im Zusammenhang mit dem Fernsehkonsum hingewiesen.

1. Die Befunde zu den schlechteren Schriftsprachleistungen bei sehr hoher Fernsehdauer gelten genauso auch für mathematische und andere Kompetenzen (Kap. 5 und 6; das Thema „Fernsehen" wird in diesen Kapiteln allerdings nicht noch einmal aufgegriffen).
2. Der Einfluss des Fernsehens hängt natürlich auch sehr stark davon ab, was und in welchem Rahmen Kinder fernsehen. Besonders ungünstig ist es, wenn sie unbeaufsichtigt alleine und viel fernsehen. Werden hingegen geeignete Sendungen gemeinsam mit Erwachsenen angesehen, die dann bestimmte Dinge erklären können, kann Fernsehen durchaus auch positiv wirken.
3. Eine Einschränkung der kindlichen Fernsehzeiten funktioniert nur dann problemlos, wenn den Kindern entsprechendes Verhalten vorgelebt wird (Abschn. 4.3). Selbst kleinere Kinder werden es nur schwerlich verstehen, warum sie nicht länger fernsehen dürfen, wenn die Erwachsenen rund um die Uhr in den Kasten schauen.

Also schalten Sie den Fernsehapparat ruhig häufiger einmal aus und nutzen Sie die frei gewordene Zeit sinnvoll – vielleicht mit einem Buch und Ihren Kindern? Und sind wir doch einmal ganz ehrlich: Auch wenn die Show, die Sie dadurch verpassen, vielleicht spannend erscheint, im Nachhinein werden Sie es höchstwahrscheinlich nicht wirklich vermissen, sie nicht angesehen zu haben. Wer letztlich wen erfolgreich bei der Gerichtssendung verklagt (die noch dazu wahrscheinlich fern jeglicher Realität ist), wird unseren Alltag jedenfalls kaum beeinflussen.

> **Fazit**
>
> Es gibt eine Reihe von Möglichkeiten, um die familiäre Lernumwelt für den Schrift-spracherwerb Ihres Kindes förderlich zu gestalten. Sicherlich werden Sie einige oder sogar viele Aspekte davon ohnehin schon beherzigen. Andere Dinge (wie vielleicht den Fernsehkonsum) werden Sie eventuell nur schweren Herzens ändern können. Es kommt aber auch insgesamt weniger darauf an, alles optimal rich-tig zu machen, sondern sich vielmehr immer wieder die zahlreichen Ansatzpunkte vor Augen zu führen. Wenn es Ihnen dann noch gelingt, hin und wieder den einen oder anderen förderlichen Aspekt bei Ihnen zu Hause umzusetzen, ist (für Ihr Kind) schon viel gewonnen.

## Literatur

Bandura, A., Ross, D. & Ross, S. A. (1963). Imitation of film-mediated aggressive mo-dels. *Journal of Abnormal and Social Psychology, 66*, 3–11.

Dever, M. T. & Burts, D. C. (2002). An evaluation of family literacy bags as a vehicle for parent involvement. *Early Child Development and Care, 172*(4), 359–370.

Ennemoser, M., Marx, P., Weber, J. & Schneider, W. (2012). Spezifische Vorläuferfer-tigkeiten der Lesegeschwindigkeit, des Leseverständnisses und des Rechtschreibens. Evidenz aus zwei Längsschnittstudien vom Kindergarten bis zur 4. Klasse. *Zeitschrift für Entwicklungspsychologie und Pädagogische Psychologie, 44*(2), 53–67.

Ennemoser, M., Schiffer, K., Reinsch, C. & Schneider, W. (2003). Fernsehkonsum und die Entwicklung von Sprach- und Lesekompetenzen im frühen Grundschulalter. Eine empirische Überprüfung der SÖS-Mainstreaming-Hypothese. *Zeitschrift für Entwick-lungspsychologie und Pädagogische Psychologie, 35*(1), 12–26.

Farrant, B. M. & Zubrick, S. R. (2012). Early vocabulary development: The importance of joint attention and parent-child book reading. *First Language, 32*(3), 343–364.

Hargrave, A. C. & Sénéchal, M. (2000). A book reading intervention with preschool children who have limited vocabularies: The benefits of regular reading and dialogic reading. *Early Childhood Research Quarterly, 15*(1), 75–90.

Küspert, P. & Schneider, W. (2006). *Hören, lauschen, lernen. Sprachspiele für Kinder im Vorschulalter. Würzburger Trainingsprogramm zur Vorbereitung auf den Erwerb der Schriftsprache* (5., überarb. Aufl.). Göttingen: Vandenhoeck & Ruprecht.

Lever, R. & Sénéchal, M. (2010). Discussing stories: On how a dialogic reading inter-vention improves kindergartners' oral narrative construction. *Journal of Experimental Child Psychology, 108*, 1–24

Lundberg, I. (2002). The child's route into reading and what can go wrong. *Dyslexia, 8*, 1–13.

McElvany, N., Becker, M. & Lüdtke, O. (2009). Die Bedeutung familiärer Merkmale für Lesekompetenz, Wortschatz, Lesemotivation und Leseverhalten. *Zeitschrift für Entwicklungspsychologie und Pädagogische Psychologie*, *41*(3), 121–131.

Medienpädagogischer Verbund Südwest (2011). *JIM-Studie 2011: Basisuntersuchung zum Medienumgang 12- bis 19-jähriger*. Stuttgart: Landesanstalt für Kommunikation Baden-Württemberg.

Niklas, F. & Schneider, W. (2013). Home literacy environment and the beginning of reading and spelling. *Contemporary Educational Psychology*, *38*, 40–50.

Nystrom, G. H. (1931). A study of fifty home libraries with special reference to their function in child development. *Child Development*, *2*, 230–233.

Park, H. (2008). Home literacy environments and children's reading performance: A comparative study of 25 countries. *Educational Research and Evaluation*, *14*(6), 489–505.

Purcell-Gates, V. (2001). Emergent literacy is emerging knowledge of written, not oral, language. In P. R.Britto & J. Brooks-Gunn (Hrsg.), *The role of family literacy environments in promoting young children's emerging literacy skills* (S. 7–22). San Francisco, CA: Jossey-Bass.

Rückert, E. M., Kunze, S., Schillert, M. & Schulte-Körne, G. (2010). Prävention von Lese-Rechtschreibschwierigkeiten. Effekte eines Eltern-Kind-Programms zur Vorbereitung auf den Schriftspracherwerb. *Kindheit und Entwicklung*, *19*(2), 82–89.

Saracho, O. N. (2002). Family literacy: Exploring family practices. *Early Child Development and Care*, *172*(2), 113–122.

Schneider, W. (2008). Entwicklung der Schriftsprachkompetenz vom frühen Kindes- bis zum frühen Erwachsenenalter. In W. Schneider (Hrsg.), *Entwicklung von der Kindheit bis zum Erwachsenenalter. Befunde der Münchner Längsschnittstudie LOGIK* (S. 167–186). Weinheim: Beltz.

Schneider, W. & Marx, P. (2008). Früherkennung und Prävention von Lese-Rechtschreibschwierigkeiten. In F. Petermann & W. Schneider (Hrsg.), *Angewandte Entwicklungspsychologie* (Enzyklopädie der Psychologie, Serie Entwicklungspsychologie, Bd. 7, S. 237–273). Göttingen: Hogrefe.

Schneider, W., Roth, E. & Ennemoser, M. (2000). Training phonological skills and letter knowledge in children at risk for dyslexia: A comparison of three kindergarten intervention programs. *Journal of Educational Psychology*, *92*(2), 284–295.

Schneider, W., Roth, E. & Küspert, P. (1999). Frühe Prävention von Lese-Rechtschreibproblemen. Das Würzburger Trainingsprogramm zur Förderung sprachlicher Bewußtheit bei Kindergartenkindern. *Kindheit und Entwicklung*, *8*(3), 147–152.

Sénéchal, M. & LeFevre, J.-A (2002). Parental involvement in the development of children's reading skill: A five-year longitudinal study. *Child Development*, *73*(2), 445–460.

Weitzman, C. C., Roy, L., Walls, T. & Tomlin, R. (2004). More evidence for Reach Out and Read: A home-based study. *Pediatrics*, *113*, 1248–1253.

# 5

# Wie lassen sich mathematische Fähigkeiten im Alltag fördern?

## Inhalt

F. Niklas, *Mit Würfelspiel und Vorlesebuch*, DOI 10.1007/978-3-642-54759-1_5,
© Springer-Verlag Berlin Heidelberg 2014

## 5.1   Mathematik schon vor dem Schulbesuch? – Mathematische Vorläuferfertigkeiten

Wenn wir von „Mathematik" sprechen, denken viele von uns häufig an leidvolle Erfahrungen in der Schule, bevorzugt wahrscheinlich an komplexere Thematiken wie das Bruchrechnen oder gar die Integralrechnung. Dabei ignorieren wir aber, dass sich hinter dem Begriff auch ganz einfache und alltägliche Dinge verstecken. So benötigen wir Mathematik nicht nur in der Physik oder Mechanik bei komplexen Vorgängen und Verfahren, sondern z. B. auch für unseren täglichen Einkauf, beim Kochen eines Rezepts, bei der Berechnung von Lohn oder Zinserträgen sowie beim Renovieren.

Man kann sagen, dass Mathematik ein Kulturgut darstellt. In fast jeder menschlichen Kultur existieren eigene Zahlwörter, und mathematische Symbole werden schon seit etwa 3000 Jahren genutzt. Anders als bei der Schriftsprache existiert mit dem arabischen Zahlsystem ein einziges Zeichensystem, das sich weltweit durchgesetzt hat. Auch diese Tatsachen lassen erahnen, welche Bedeutung Mathematik in der Menschheitsgeschichte einnimmt und welche Stellung sie auch heute noch im Leben innehat, insbesondere in einer Industrie- und Dienstleistungsgesellschaft.

?

Was hat „Mathematik" mit der vorschulischen Lernumwelt in der Familie zu tun? Entwickeln sich mathematische Kompetenzen nicht erst im Unterricht ab dem Grundschulalter?

Dieser Frage gingen Krajewski und Schneider (2009) in einer Längsschnittstudie mit etwa 150 Kindergartenkindern nach, die sie bis zum Ende der Grundschulzeit begleiteten. Hierzu entwickelten sie ein Verfahren, um frühe mathematische Fähigkeiten zu erfassen. So wiesen sie die Kinder beispielsweise an, vorwärts und rückwärts zu zählen, die Zahl zu benennen, die vor oder nach einer genannten Zahl kommt, und ganz einfache Rechnungen zu lösen. Weiterhin wurde geprüft, welche Zahlsymbole sie schon kannten, und sie mussten Abzähl- und Zuordnungsaufgaben bearbeiten. Später, Ende der 1. und Ende der 4. Klasse, wurden mit den gleichen Kindern standardisierte Mathematiktests durchgeführt, die sich genau am Lehrplan orientierten und somit die mathematische Schulleistung sehr gut abbildeten. Für die Forscher war nun von Interesse, welche Zusammenhänge sich zwischen den vorschulischen und schulischen Leistungen der Kinder zeigten.

Die vorschulischen mathematischen Fähigkeiten der Kinder konnten sowohl die Mathematikleistungen am Ende der 1. als auch am Ende der 4. Klasse sehr gut vorhersagen. Diese Vorhersageleistung blieb auch bestehen, wenn der sozioökonomische Status der Eltern, die Intelligenz der Kinder sowie deren Gedächtnisleistungen berücksichtigt wurden. Damit können die frühen mathematischen Fähigkeiten als direkte Vorläuferfertigkeiten für spätere Mathematikkompetenz bezeichnet werden.

Wer also am Ende der Kindergartenzeit besser ist beim Zählen, mehr Zahlsymbole kennt und Dinge abzählen kann, dem fällt später auch die Schulmathematik leichter. So ist es auch nicht verwunderlich, dass umgekehrt die schwächsten Mathematiker am Ende der Grundschulzeit in dieser Studie bereits im Kindergarten signifikant schlechtere Vorläuferfertigkeiten aufwiesen als der Rest der Stichprobe.

Mathematische Kompetenzen werden somit nicht erst in der Schule aufgebaut, sondern entwickeln sich schon viel früher. Die familiäre Lernumwelt spielt dabei eine nicht unwesentliche Rolle. Leider wird in den meisten Familien das mathematische Lernen von Kindern aber kaum unterstützt (Ginsburg et al. 2012). Bevor in den folgenden Abschnitten auf die verschiedenen Einflussmöglichkeiten der familiären Lernumwelt auf die mathematischen Kompetenzen von Kindern eingegangen wird, müssen zunächst folgende Fragen geklärt werden:

---

**?**

---

**Ab wann weisen Kinder mathematische Fähigkeiten auf?**

---

Damit einher geht die Frage, ab wann Kinder überhaupt bereit sind, sich mit „Mathematik" auseinanderzusetzen. Diese Fragen lassen sich relativ einfach beantworten: In einem interessanten und ausführlichen Artikel beschreibt Butterworth (2005) die Entwicklung früher mathematischer Kompetenzen vom Säuglings- bis ins Schulalter anhand einer Vielzahl von Studienergebnissen. Ja, Sie haben richtig gehört: Man kann davon ausgehen, dass wir von Geburt an mathematische Fähigkeiten aufweisen.

Babys sind beispielsweise überrascht, wenn hinter einem Sichtschutz nacheinander zwei Puppen versteckt werden, dann aber bei der Beseitigung des Sichtschutzes nur eine Puppe zu sehen ist. Auch können sie kleine Mengen bis zu einer Anzahl von drei bis vier unterscheiden. Richtige Entwicklungsschritte gibt es allerdings erst ab dem Alter von zwei bis drei Jahren, wenn Kinder mit dem Zählen beginnen und auch die Zahl 1 von einer Menge abziehen oder dazuzählen können. Tabelle 5.1 gibt einen guten Überblick über die Kompetenzentwicklung, wobei die Altersangaben natürlich nur ungefähre Richtwerte sind.

**Tab. 5.1** Entwicklungsschritte der frühen mathematischen Kompetenzen (Nach Butterworth 2005)

| Alter der Kinder | Entwicklungsschritte |
|---|---|
| bei Geburt | Kleine Anzahlen können unterschieden werden. |
| ab etwa 4 Monaten | Die Zahl 1 kann addiert oder abgezogen werden. |
| etwa 1 Jahr | Zunehmende Anzahlen können von abnehmenden Anzahlen unterschieden werden. |
| 2 Jahre | Zählwörter werden gelernt. Eins-zu-eins-Zuordnungen können bei Aufgaben zum Teilen vorgenommen werden. |
| 2,5 Jahre | Es wird erkannt, dass Zählwörter Mengen größer als 1 bedeuten. |
| 3 Jahre | Kleinere Objektanzahlen können gezählt werden. |
| 3,5 Jahre | Die Zahl 1 kann in Bezug auf Objekte und Zahlwörter addiert oder abgezogen werden. Das Kardinalitätsprinzip kann angewandt werden. |
| 4 Jahre | Finger werden als Hilfe beim Addieren eingesetzt. |
| 5 Jahre | Kleine Zahlen können addiert werden. |
| 5,5 Jahre | Bis 40 kann korrekt gezählt werden. Rechenregeln und Rechenstrategien werden leichter verstanden. |
| 6 Jahre | Es wird verstanden, dass die Anzahl unabhängig ist von räumlich unterschiedlicher Anordnung |
| 6,5 Jahre | Addition und Subtraktion werden als komplementär verstanden. |
| 7 Jahre | Einige arithmetische Fakten können aus dem Gedächtnis abgerufen werden. |

**Wann lohnt es sich, Kindern mathematische Konzepte beizubringen?**

Diese Frage ist etwas schwieriger zu beantworten: Natürlich können Sie bereits Ihrem Baby zeigen, wie ein Rechenschieber funktioniert – es ist Ihnen für jede Sekunde dankbar, die Sie an seiner Seite sind, ganz egal, ob Sie dabei mit irgendwelchen Dingen herumwerkeln oder nicht. Das eigentliche mathematische Lernen beginnt jedoch wesentlich später und ist auch von Kind zu Kind verschieden. Grundsätzlich wird Ihnen Ihr Kind zeigen, ab wann es Interesse hat, in die Welt der Mathematik eingeführt zu werden. Allerdings liegt es dennoch an Ihnen, Ihrem Kind genügend Anregungen im Alltag zu bieten, um das Interesse für mathematische Inhalte überhaupt erst zu wecken. Spätestens wenn es demnächst das Vorschuljahr besuchen soll und sich mit Mathematik und Zahlen bislang nur sehr wenig beschäftigt hat, ist es sicher an der Zeit, richtig loszulegen.

## 5.2 Was haben Preisschilder und Hausnummern mit Mathematik zu tun? – Zahlen im Alltag

Zahlen begegnen uns im täglichen Leben in vielfältiger Weise. Hierzu sechs Beispiele:

1. „Ich schau mal, ob wir alle da sind. 1, 2, 3, 4, 5, ... "
2. „Wir wohnen an der Hauptstraße – das Haus mit der Nummer 5."
3. „Gestern beim Leichtathletikwettkampf bin ich 5 m weit gesprungen"
4. „Wir haben das jetzt 5-mal gemacht, und du kannst es immer noch nicht."
5. „Du kannst dich bei mir in der Warteschlange anstellen. Ich bin an 5. Stelle."
6. „Ich bekomme bitte 5 Äpfel."

Vielleicht sind Ihnen die kleinen, feinen Unterschiede zwischen diesen Beispielen aufgefallen. Zwar wird jedes Mal die Zahl 5 verwendet, aber dies geschieht jeweils in sehr verschiedenen Kontexten. Nach Fuson (1988), die sich sehr ausgiebig mit dem Erwerb des Zahlkonzepts von Kindern beschäftigt hat, lassen sich sechs verschiedene Nutzungsweisen von Zahlen unterscheiden:

1. Im *Zählkontext* werden einfach nur Personen oder Dinge abgezählt.
2. In *nichtnumerischen Kontexten*, z. B. bei Hausnummern oder auch bei Fußballspielern, dienen die Zahlen als reines Unterscheidungskriterium. Der Fußballspieler mit der Nummer 5 auf dem Trikotrücken könnte an jeder Position, in jedem Verein und in jeder Liga spielen.
3. Im *Maßzahlkontext* (z. B. Länge, Zeit, Temperatur, Volumen) steht hinter der Zahl immer eine Maßeinheit.
4. Im *Operatorkontext* bezeichnen Zahlen das Vielfache eines Vorgangs (z. B. „noch fünfmal Schlafen, dann ist es Weihnachten").
5. Im *ordinalen Kontext* wird die Position einer Person oder eines Gegenstands in einer Reihe bezeichnet.
6. Im *„kardinalen Kontext"* bezeichnet die letzte Zahl die „Mächtigkeit" einer Menge, d. h. wie viele Elemente die Menge enthält. So wird z. B. unter 5 Äpfeln tatsächlich die gesamte Menge der 5 Äpfel verstanden.

Diese kleine Lehrstunde soll Ihnen verdeutlichen, dass Zahlen in unserem Leben offensichtlich allgegenwärtig sind. Anhand der Beispiele wird deutlich, dass es für Kinder, die mit dem abstrakten Symbol und der abstrakten Zahl 5 zunächst gar nichts anfangen können, ziemlich schwierig ist, Zahlbedeutungen zu erlernen und zu unterscheiden. In verschiedenen Studien zeigte sich, dass insbesondere die Konzepte „Ordinalität" und „Kardinalität" wichtige Voraussetzungen für spätere mathematische Kompetenzen in der Schule darstellen (Schulz, 2009). Dementsprechend haben Kinder, die früher verstehen, dass eine Zahl sowohl für eine bestimmte Menge an Dingen steht und zugleich beim Abzählen das letzte gezählte Element bezeichnet, weniger Schwierigkeiten bei mathematischen Problemstellungen im Kontext Schule. Diese Erkenntnis, die meist im Vorschulalter erlernt wird, hilft insbesondere, wenn es um Addition und Subtraktion geht.

———— ? ————————————————————

**Wie können Sie Ihr Kind beim Erwerb dieser spezifischen Zahlenkompetenzen unterstützen?**

Gunderson und Levine (2011) wiesen mit Blick auf frühere Studien darauf hin, dass die Häufigkeit, mit der Eltern zu ihren Kindern über Zahlen sprechen, das kardinale Zahlenverständnis der Kinder beeinflusst. Um herauszufinden, welche Aspekte hierbei besonders relevant sind, untersuchten sie 44 Kinder und ihre Familien vom ersten bis zum vierten Lebensjahr. Die Familien wurden alle vier Monate zu Hause besucht und 90 min in ihrem Alltag gefilmt. Sämtliche Gespräche wurden dann hinsichtlich der Häufigkeit, mit der Zahlen erwähnt wurden, ausgewertet. Mit knapp vier Jahren wurde das kardinale Verständnis der Kinder getestet. Natürlich wurde den Teilnehmern vorher nicht mitgeteilt, welche Forschungsinteressen die Studie verfolgte.

Zunächst einmal zeigte sich, dass die beteiligten Eltern insgesamt relativ selten über Zahlen mit ihren jungen Kindern sprachen. Wenn, dann zählten sie und gingen auch auf den Kardinalitätsaspekt von Zahlen im Bereich von 1 bis 3 häufiger ein als auf höhere Zahlen. Es stellte sich aber heraus, dass gerade Gespräche über Zahlen im Bereich von 4 bis 10 dazu beitrugen, den Kindern ein kardinales Zahlenverständnis zu vermitteln. Zwar profitierten Kinder auch von der Interaktion, die sich auf die Zahlen 1 bis 3 bezogen, aber dieser Effekt verschwand, wenn die Interaktionen mit höheren Zahlen berücksichtigt wurden.

Die Ergebnisse waren selbst dann robust, wenn der sozioökonomische Status der Eltern in die Datenanalyse mit einbezogen wurde. Wichtig war aber auch, dass sich die „Zahlengespräche" auf konkrete Dinge bezogen (seien es nun z. B. gemalte Birnen auf einem Blatt oder echte Birnen im Obstkorb). Wurden Zahlen ohne konkret vorhandenen Bezug erwähnt (z. B. „Morgen kaufe ich

6 Birnen"), half das den jungen Kindern nicht, ein kardinales Zahlenverständnis aufzubauen.

Nutzen Sie also vielfältige Gelegenheiten, um mit Ihren Kindern über Zahlen zu sprechen. Situationen, in denen uns Zahlen begegnen, sind häufiger und vielfältiger, als es auf den ersten Blick scheint: Jedes Preisschild besteht aus Zahlen (und gibt uns an, welche Menge Geld wir für etwas zahlen müssen), beim Tischdecken müssen eine bestimmte Anzahl an Tellern, Messer, Gabeln und Löffel bereitgelegt werden, man steigt soundso viele Treppen bis zur Wohnungstür hinauf und auch Spielutensilien lassen sich abzählen oder mit einer Kardinalzahl bezeichnen (z. B. „Schau mal, da sind ja deine vier Puppen").

---

**Auf was sollten Sie zusätzlich achten, wenn Sie mit Ihrem Kind Zahlen und mathematische Operationen einüben?**

---

Hier kann man sich an Aeblis (1998) Vorschlägen orientieren, die auch zu den oben berichteten Studienergebnissen passen. Abbildung 5.1 zeigt im Überblick, welche Stufen der Verinnerlichung mathematischer Operationen nacheinander ablaufen können.

Zunächst wird die mathematische Handlung (z. B. das Abzählen einer Menge von drei Birnen und das Hinzunehmen einer weiteren Birne) anhand konkreter Gegenstände (also richtigen Birnen oder zumindest „Spielzeugbirnen") durchgeführt. In einem zweiten Schritt könnte man sich nach mehreren Durchgängen von den Gegenständen zu gezeichneten Birnen oder Bildern von Birnen bewegen. Irgendwann stellen Sie und Ihr Kind sich die Birnen nur noch vor, d. h., diese sind weder real noch als Zeichnung vorhanden. In den letzten beiden Schritten kommen Ziffern hinzu, mit denen auch in der Schule gearbeitet wird. Auf diese Weise werden die für Kinder sehr abstrakten Zahlsymbole ganz allmählich eingeführt und zunächst sehr anschaulich mathematische Grundkenntnisse vermittelt.

Doch Vorsicht: Bei älteren Kindern (spätestens ab dem Vorschulalter) sollten im Umgang mit Zahlen und Mathematik immer auch die arabischen Ziffern (zumindest parallel zu anschaulichen Darstellungen) präsentiert werden. Für die schulische Mathematik ist es nämlich unerlässlich, dass Zahlsymbole richtig benannt und zugeordnet werden können. Bei der Rechnung 3 + 5 hilft es eben nicht, wenn ein Kind zwar richtig drei Häuser und fünf Bäume abzählen kann, dann aber nicht weiß, wie es die drei Häuser mit den fünf Bäumen kombinieren soll – auch wenn das vielleicht eine schöne Wohnsiedlung ergibt.

**Stufe 1:**
Handlung erfolgt an konkreten Materialien
(z. B. Spielfiguren).

**Stufe 2:**
Handlung erfolgt in Verbindung mit einer bildlichen Darstellung
(z. B. wird anstatt Spielfiguren eine gezeichnete Punktemenge
herangezogen).

**Stufe 3:**
Handlung erfolgt rein als bildliche Vorstellung
(es werden keine Materialien eingesetzt).

**Stufe 4:**
Die bildlichen Vorstellungen werden mit Ziffern und Symbolen
verbunden.

**Stufe 5:**
Handlung erfolgt alleine aufgrund und mithilfe der Ziffern- und
Symboldarstellung.

**Abb. 5.1** Fünf Stufen zur Verinnerlichung von mathematischen Operationen (Adaptiert nach Aebli 1998)

## 5.3 Wie viele Finger hast du? – Zählen und Mathematik im kindlichen Kontext

Vielleicht haben Sie ja schon mal ein Kind folgendes Wort sagen hören: „Einszweidreivierfünfsechssiebenachtneunzehn". Sie meinen, das sei gar kein einzelnes Wort, sondern zehn einzelne Zahlworte? Dann erklären Sie das doch bitte Kindern, die gerade anfangen, die Zahlenreihe zu lernen. Im Alter von etwa zwei Jahren kennen einige Kinder nämlich bereits erste Zahlworte; diese werden jedoch zusammen als eine Art „undifferenziertes Band" wahrgenommen. Somit kann diese Wortsequenz auch nur vollständig wiedergegeben werden im Sinne eines auswendig gelernten Gedichts, ohne dass eine Zuordnung zu Objekten möglich ist oder eine Zahlbedeutung erkannt wird. Dennoch ist dies ein erster wichtiger, wenngleich meist nur kurz auftretender Schritt bei der Entwicklung des Zahlbegriffs. Abbildung 5.2 gibt einen Überblick über die Entwicklung des Zahlbegriffs, wie diese sich in den umfangreichen Untersuchungen von Karen Fuson (1988) gezeigt hat.

Auf das noch undifferenzierte Band folgt ab ca. drei bis vier Jahren eine unzerbrechliche Liste, d. h., das Kind nimmt die Zahlen zwar bereits einzeln wahr, diese sind aber immer noch untrennbar. Beim Zählen muss das Kind

**Abb. 5.2**  Entwicklung des Zahlbegriffs (Adaptiert nach Fuson 1988)

deshalb immer noch bei der 1 beginnen (ähnlich wie bei den meisten Erwachsenen, die eine bestimmte Tonstufe suchen und dabei immer von vorn mit „do re mi fa sol" beginnen würden). Auf dieser Stufe beginnen sich langsam auch das ordinale und kardinale Verständnis sowie der Aufbau eines rudimentären internen visuellen Zahlenstrahls zu entwickeln. Mit etwa vier bis fünf Jahren kommt es zum Aufbrechen der Ketten. Nun kann auch von einer anderen Zahl als der 1 das Zählen begonnen und rückwärts gezählt werden. Außerdem können Fragen nach direkten Vorgänger- und Nachfolgerzahlen beantwortet werden (z. B. „Welche Zahl kommt vor/nach der 8?"), und die Kinder entwickeln ein Teile-Ganzes-Schema (ein „Ganzes" lässt sich in „Teile" zerlegen und daraus wieder zusammensetzen, so wie sich die Zahl 5 in 2 und 3 zerlegen lässt). Zumeist erst im Vorschul- und Grundschulalter wird aus der trennbaren Kette eine numerische Kette, bei der jedes Zahlwort als einzelne Zähleinheit wahrgenommen wird. Kinder verstehen also, dass sich hinter der 8, bis zu der man gezählt hat, tatsächlich die Menge 8 verbirgt (kardinaler Zahlaspekt), und können nun Additionen und – allerdings noch mit etwas größeren Schwierigkeiten – Subtraktionen durchführen. Letztlich kommt es zum echten numerischen Zählen, bei dem Kinder problemlos von einer beliebigen Zahl vorwärts oder rückwärts zählen können. Darüber hinaus verstehen sie, dass jedes Zahlwort einen festen Platz in der Zahlreihe hat, alle vorausgehenden Zahlwörter umfasst und exakt eine Einheit größer ist als das vorausgehende.

Natürlich geht das mathematische Lernen nach dem echten numerischen Zählen noch weiter, aber allein dieser Ausschnitt verdeutlicht, welche Leistungen ein Kind beim Erlernen des Zählens vollbringt. Die gute Nachricht ist: Man kann Kindern dabei helfen!

---
? 

Wie lässt sich der kindliche Erwerb mathematischer Kompetenzen unterstützen?

---

In einer beeindruckenden Studie von Fuchs et al. (2013) wurden zunächst etwa 2800 Erstklässler hinsichtlich ihrer mathematischen Fähigkeiten untersucht.

Von diesen wurden knapp 600 Erstklässler mit sehr schwachen Eingangsvoraussetzungen und infolgedessen mit einem erhöhten Risiko einer späteren Rechenschwäche in drei Gruppen aufgeteilt: eine Kontrollgruppe und zwei Gruppen, mit denen Interventionen durchgeführt wurden. Letztlich kam noch eine weitere Gruppe von 300 weiteren Kontrollkindern hinzu, die jedoch kein Risiko aufwiesen. Beide Interventionsgruppen erhielten nun über 16 Wochen dreimal wöchentlich ein 30-minütiges Training. Die Inhalte waren sehr vielfältig und gingen anfangs vom Zählen und dem Lernen der Zahlabfolge über das Teil-Ganzes-Schema hin zu komplexeren Additions- und Subtraktionsaufgaben. Eingebettet war dieses Üben in einen spielerischen Kontext (*Galaxy Math* – eine Raumstation, in der verschiedene Anzahlen von Raketen auf Missionen losgeschickt wurden). Die beiden Interventionsgruppen unterschieden sich nur jeweils hinsichtlich der letzten 5 min einer Sitzung. In der einen Bedingung wurden das Gelernte und hierbei vor allem bestimmte mathematische Prinzipien noch einmal vertieft. In der zweiten Bedingung sollten die Kinder auf Zeit so schnell wie möglich ähnliche Aufgaben lösen, wie sie zuvor schon geübt hatten. Für die bereitwillige Teilnahme wurden die Kinder zudem regelmäßig mit kleinen Geschenken belohnt.

Zunächst konnte festgestellt werden, dass beide Interventionsgruppen sich deutlich stärker in verschiedenen mathematischen Kompetenzen, z. B. im Bereich der Arithmetik, bei komplexeren Berechnungen und auch bei Sachaufgaben verbesserten als die nicht trainierte Risikokontrollgruppe. Hierbei erwies sich allerdings die Gruppe, die am Ende so schnell wie möglich Aufgaben lösen sollte, als nochmals deutlicher überlegen und schaffte es, hinsichtlich ihrer Leistungen sogar etwas zur Kontrollgruppe ohne Risiko aufzuschließen (dies gelang den anderen beiden Gruppen nicht). Scheinbar bauten diejenigen Kinder, die am Ende der Sitzungen sehr viele Aufgaben in kurzer Zeit lösen sollten, so etwas wie ein Faktenwissen auf, das ihnen dann auch bei der Lösung von neuen und komplexeren Aufgaben als Grundlage zur Verfügung stand.

Nun braucht es glücklicherweise kein ausgefeiltes Spiel wie „Galaxy Math", um Ihre Kinder zu unterstützen. Alles, was Sie brauchen, um die mathematischen Kompetenzen Ihres Kindes zu fördern, finden Sie im Kinderzimmer, seien es nun Bauklötze, Puppen oder Stofftiere, die Sie abzählen und auf Reisen schicken können. Sollten diese nicht in ausreichender Anzahl vorhanden sein, dann lässt sich immer noch sehr viel mit den Fingern – Ihren oder denen Ihres Kindes – anfangen. Im Vergleich zu den 16 Wochen, die die Intervention in der Studie dauerte, sind Sie auch im Vorteil – Ihnen bleibt mehr Zeit, um Ihren Kindern etwas beizubringen. Und sollte Ihren Kindern manchmal die Lust fehlen mitzumachen, dann können Sie sie immer noch für den „Feuereifer" wie in der Studie vorgemacht belohnen (sei es mit einer vom Kind gewählten Gute-Nacht-Geschichte oder einem Lieblingsessen). Sie sehen also:

Es braucht weder Raketen noch Raumstationen, um die in der Studie vermittelten Kompetenzen bei Ihren Kindern in die Höhe schießen zu lassen.

## 5.4 Warum sollte ich Mathematik mögen? – Die Rolle elterlicher „mathematischer" Einstellungen

Stellen Sie sich folgende Situation vor: Ein guter Freund war gestern im Kino (oder im Theater, oder in der Oper, usw.) und erzählt Ihnen nun mit leuchtenden Augen von all den tollen Eindrücken, der spannenden Geschichte und deren Umsetzung und überhaupt, was für ein wunderbarer Abend das war. Wahrscheinlich werden Sie die Freude Ihres Bekannten etwas mit- und nachempfinden können. Eventuell überlegen Sie sogar, ob Sie nicht auch noch eine Vorstellung besuchen sollen. Immerhin wurde sie Ihnen ja von einem Freund angepriesen und wird somit nicht ganz schlecht sein.

Dieses kleine Beispiel soll Ihnen verdeutlichen, dass wir uns durchaus von Menschen, die uns wichtig sind, beeinflussen lassen. Wir übernehmen teilweise deren Einstellungen, Ansichten und Wertvorstellungen. Jüngere, aber auch ältere Kinder haben von Anbeginn ihres Lebens zunächst ein paar sehr zentrale Vorbilder, und zwar ihre ersten Bezugspersonen und damit zumeist die Eltern (Abschn. 4.3). So ist es durchaus nachvollziehbar, dass Kinder sich das eine oder andere von ihnen abschauen werden (manchmal gewollt und manchmal weniger gewollt, falls Sie z. B. in der Nase bohren sollten ...). Dies ist auch für den Bereich Mathematik relevant.

Im Rahmen einer Erweiterungsstudie zu PISA (Programme for International Student Assessment) untersuchten Ehmke und Siegle (2008) in den Jahren 2003 und 2004 eine kleinere deutsche Teilstichprobe der großen internationalen PISA-Studie. Es handelte sich um 224 Eltern von Neuntklässlern, bei denen nicht nur Hintergrundvariablen wie der höchste Bildungsabschluss und der sozioökonomische Status (SÖS), sondern auch die elterliche Mathematikkompetenz sowie die familiäre Lernumwelt in Bezug auf Mathematik erfasst wurden.

Zunächst zeigten sich einige Ergebnisse, die nicht sonderlich überraschen dürften: Eltern mit höherem Bildungsabschluss und SÖS wiesen eine höhere Mathematikkompetenz auf als Eltern mit niedrigerem Abschluss und SÖS. Gleichzeitig zeigten Eltern mit guten mathematischen Fähigkeiten eine höhere mathematikbezogene Wertschätzung und äußerten diese auch gegenüber ihren Kindern. Zudem boten sie mehr Lernunterstützung an. Nun zeigte sich, dass sich die mathematischen Fähigkeiten der Jugendlichen in der 9. Klasse sowohl durch die elterliche Mathematikkompetenz als auch durch die elterliche

Wertschätzung von Mathematik vorhersagen ließen. Darüber hinaus beeinflusste beides zumindest tendenziell auch die weitere Kompetenzentwicklung von
der 9. bis zur 10. Klasse. Diese Ergebnisse waren auch unter Berücksichtigung
von SÖS und Bildung der Eltern gültig.

Sie sehen, dass es überaus wichtig ist, was man seinen Kindern gegenüber
wie äußert. Auch wenn es gerade bei Jugendlichen oft den Anschein hat, dass
alles, was die Eltern sagen, zu einem Ohr rein und (ungehört) zum anderen
Ohr wieder hinaus verschwindet, bleibt so manches doch besser hängen, als
man denkt. Es ist also durchaus nachvollziehbar, dass bei älteren Kindern und
Jugendlichen die elterliche Einstellung relevant ist (Kap. 7).

---

? 

Spielen elterliche Kompetenzen und Einstellungen auch bei Kindern im Kindergarten-
und Vorschulalter eine so große Rolle?

---

Skwarchuk (2009) ging dieser Frage an einer kleinen kanadischen Stichprobe
nach. Sie untersuchte 25 Kinder im Alter von vier bis fünf Jahren und deren
Eltern. Dabei sollten die Eltern zunächst einige Fragen zur Familie und der
Lernumwelt beantworten und zwei Wochen lang ein Tagebuch führen. Schließlich wurden Kinder und Eltern bei drei Interaktionen mit mathematischem
Kontext gefilmt (z. B. beim Spielen mit einer Anzahl farbiger Plastikbälle oder
verschiedenen Anzahlen von Plastiktieren).
    Übereinstimmend mit den Ergebnissen von Ehmke und Siegle (2008) hin-
gen auch hier die mathematischen Fähigkeiten der Kinder signifikant mit den
mathematischen Erfahrungen der Eltern zusammen. Kinder, deren Eltern eine positivere Einstellung zur Mathematik hatten, erzielten bessere Ergebnisse
in einem Mathematiktest. Auch die Gestaltung der mathematischen Lernumwelt und damit in erster Linie die durchgeführten mathematischen Aktivitäten
hingen mit den mathematischen Vorläuferfertigkeiten der Kinder zusammen.
Eltern, die mit ihren Kindern eher komplexere Aktivitäten (z. B. Addieren, Sub-
trahieren, Vergleichen) durchführten, unterstützten diese besser als Eltern, die
sich auf einfachere Aktivitäten konzentrierten (z. B. Aufschreiben von Zahlen,
Abzählen von Objekten).
    Interessanterweise war ein Befund dieser kanadischen Studie, dass Eltern
Mathematik gegenüber der Schriftsprache nur als nachgeordnet wichtig ansa-
hen. Außerdem waren mathematische Interaktionen in der Familie grundsätzlich eher selten (für ähnliche Befunde siehe auch Ginsburg et al. 2012).

Springen Sie also über Ihren Schatten und machen Sie gute Miene zur Mathematik. Selbst falls Sie mit der Schulmathematik auf Kriegsfuß standen,
können Sie Ihren Kindern vermitteln, dass Mathematik etwas Wichtiges, im

Alltag Relevantes und durchaus auch Interessantes darstellen kann. Und wenn Sie nur früh genug die Weichen stellen, dann klappt es bei Ihren Kindern später hoffentlich auch mit etwas komplexeren mathematischen Sachverhalten.

## 5.5 Wie kann Mathe spielerisch erlernt werden? – Würfel-, Karten-, Rechen- und Zählspiele

Mathematik und Spielen – das hat doch gar nichts miteinander zu tun! Das könnte man zumindest oberflächlich betrachtet meinen. Tatsächlich haben aber sehr viele Spiele einen mathematischen Inhalt oder Kontext. Egal, ob Sie jetzt bei *Mensch, ärgere dich nicht* würfeln und mit ihrer Spielfigur eine bestimmte Anzahl an Feldern voranziehen oder beim Spiel *Uno* Karten mit bestimmten Zahlsymbolen ausspielen und eventuell ihre Mitspieler „4 Karten ziehen lassen" – immer sind es mathematische Kompetenzen, die Sie benötigen, und mathematische Operationen, die Sie ausüben. Sicherlich können Sie sich vorstellen, dass Kinder bei solchen Spielen das eine oder andere mathematische Wissen „aufschnappen". Neben diesem eher zufälligen Mathematiklernen im Rahmen von Spielen, die primär Spielspaß bieten sollen, gibt es auch eine Reihe von Rechen- oder Zählspielen, bei denen das mathematische Lernen sogar im Vordergrund steht.

---

? 

Helfen Karten-, Würfel-, Rechen- und Zählspiele Kindern, sich bessere mathematische Kompetenzen anzueignen?

---

Dieser Frage gingen Niklas und Schneider (2012) mit einer Längsschnittstudie nach, in der sie 609 Kinder untersuchten. Noch vor der Einschulung wurden dabei die Eltern der Kinder gefragt, wie häufig sie mit ihnen Würfel-, Zähl- oder auch Rechenspiele spielten (nie bis mehrmals wöchentlich). Parallel dazu wurden die mathematischen Vorläuferfertigkeiten sowie am Ende der 1. Klasse die Mathematikkompetenz der Kinder erhoben.

Es zeigte sich, dass selbst unter Berücksichtigung von Alter, Geschlecht und Intelligenz diejenigen Kinder höhere mathematische Kompetenzen aufwiesen, mit denen solche Spiele häufiger gespielt wurden. Dabei beeinflusste die Häufigkeit, mit der Spiele mit mathematischem Inhalt, gespielt wurden, sogar direkt den Kompetenzzuwachs vom Kindergarten bis zum Ende der 1. Klasse.

Würfel-, Rechen- und Zählspiele können dieser Studie zufolge also hilfreich sein. Um zu belegen, dass die höheren mathematischen Kompetenzen nicht eher durch andere Ursachen (z. B. bemühtere Eltern oder aber durch den sozialen Hintergrund) als durch das Spielen bedingt sind, reichen diese Befunde aber noch nicht aus.

In einer Reihe von Untersuchungen überprüften Ramani und Siegler (2008; auch Siegler und Ramani 2009), ob und unter welchen Bedingungen Würfelspiele direkt die mathematischen Fähigkeiten von Kindern noch vor der Einschulung stärken können. Dazu entwickelten sie ein Würfelspiel, dem sie den Namen *The Great Race* gaben. Dieses Spiel bestand aus einem Brett, auf dem von links nach rechts die Zahlen 1 bis 10 in einzelnen Feldern aufgetragen waren. Außerdem enthielt es eine Hasen- und eine Bärenspielfigur sowie einen Würfel, auf dem nur 1er und 2er aufgetragen waren. Die Kinder durften nun mit einer der beiden Spielfiguren gegen einen Versuchsleiter antreten, wobei die Spielfiguren entsprechend der Würfelzahl fortbewegt wurden. Während des Ziehens sollten außerdem die Zahlen auf den Feldern benannt werden. Dieses Spiel wurde nun mit knapp fünfjährigen Kindern viermal innerhalb von zwei Wochen gespielt, bei einer Gesamtdauer von etwa 1 h Spielzeit.

Tatsächlich verbesserte diese relativ kurze Intervention die Ziffernkenntnis, die Zählfertigkeiten sowie die Fähigkeit zum Größenvergleich zwischen Zahlen deutlich. Dabei wirkte das Training sowohl bei den jüngsten Kindern mit etwa vier Jahren als auch bei den Kindern, die fünfeinhalb Jahre alt waren. Außerdem fanden sich nicht nur kurzfristige Fortschritte, sondern auch bei einer Folgeuntersuchung neun Wochen später blieben die Erfolge nachweisbar.

Um auszuschließen, dass hier nur eine natürliche Entwicklung beobachtet wurde, die diese Kinder sowieso gemacht hätten – immerhin ist ja bekannt, dass sich Kinder im Vorschulalter schnell weiterentwickeln –, setzten die beiden Forscher auch verschiedene Varianten des Spieles ein und verglichen die unterschiedlichen Bedingungen. Hierbei erwies sich das oben beschriebene Spiel als deutlich überlegen, was den mathematischen Kompetenzzuwachs anging, gegenüber Spielen, die anstatt mit Zahlen mit Farben und Farbwürfeln arbeiteten oder anstatt einer horizontalen Ausrichtung der Zahlen 1 bis 10 ein kreisförmiges Spielbrett nutzten. Auch zeigten Kinder, die *The Great Race* gespielt hatten, eine größere Leistungssteigerung als Kinder, die in der gleichen Zeit Objekte abzählen und Ziffern benennen sollten. Damit erwies sich dieses Spiel als sehr einfache und sinnvolle Möglichkeit, Kindern mathematische Grundfähigkeiten zu vermitteln.

Wie Sie sehen, ist es keine Hexerei, Kindern etwas beizubringen. Eigentlich benötigen Sie nicht viel mehr als einen Stift, einen Zettel und einen Würfel, und schon können Sie mit der mathematischen Frühförderung loslegen. Das Schöne daran ist, dass Sie nur die richtigen Spiele spielen müssen, der Rest läuft dann wie von selbst. Ob Ihnen allerdings der Spaß erhalten bleibt, wenn

Sie zum zehnten Mal mit Ihrer Hasenfigur dem Bären in Einser- und Zweierschritten hinterherhoppeln, das steht auf einem ganz anderen Blatt.

---

?

**Ist mathematische Förderung in der Familie tatsächlich ein Kinderspiel?**

---

Betrachtet man die Erkenntnisse dieses Kapitels, könnte man leicht den Eindruck gewinnen, dass mathematische Unterstützung der Kinder in der familiären Lernumwelt relativ einfach ist. Sie müssen mit Ihren Kindern nur ein paar Spiele mit mathematischem Kontext spielen, Alltagsgelegenheiten aufgreifen und ihnen die ordinale und kardinale Bedeutung der Zahl erklären (Abschn. 5.2), sich positiv über Mathematik äußern und im Sinne von Abschn. 4.8 darauf achten, dass sie nicht übermäßig viel fernsehen (und wenn wir schon dabei sind, auch nicht übermäßig viel Computer spielen) – schon steht der Entwicklung eines neuen Mathematikgenies nichts mehr im Wege! Schön wäre das natürlich. Aber wie wir in Kap. 9 sehen werden, ist es leider nicht ganz so einfach. Hinzu kommt, dass das spielerische und alltägliche Mathematiklernen alleine nicht unbedingt auszureichen scheint.

In einer internationalen Vergleichsstudie untersuchten LeFevre et al. (2010) jeweils 100 griechische und 100 kanadische fünfjährige Kinder sowie deren Lernumwelten. Dabei stellten sie zunächst fest, dass in griechischen Haushalten weniger mathematische Aktivitäten durchgeführt wurden als in den kanadischen. Unabhängig davon zeigte sich aber für beide Stichproben, dass das direkte Einüben mathematischer Kompetenzen (z. B. wie häufig Eltern ihren Kindern das Addieren beibrachten) unmittelbar mit den mathematischen Leistungen der Kinder zusammenhing (z. B. Vorgänger- und Nachfolgerzahlen benennen). Für indirekte Aktivitäten (z. B. Würfelspiele) konnten keine solchen Zusammenhänge gefunden werden.

Diese Studie liefert also Hinweise darauf, dass das reine mathematische Spielen unter Umständen nicht ausreicht, um Kinder in ihrer mathematischen Entwicklung zu unterstützen. Es scheint also teilweise auch nötig zu sein, Kindern etwas zu erklären (z. B. eben dass 3 + 2 insgesamt 5 ergibt und dass man von der 3 zunächst mit einem mehr auf die 4 kommt, und wenn noch eines dazu genommen wird, die 5 erreicht wird, welche dann wiederum zusammengefasst für 5 einzelne Objekte steht). Solche Erklärungen lassen sich natürlich bestens in Spiele mit mathematischem Kontext integrieren und sollten nicht vergessen werden.

———— ?

Bringt es also doch nichts, Würfel- oder Rechenspiele mit Kindern zu spielen?

Doch – die oben berichteten Befunde sind natürlich gültig, und auch LeFevre hat mit ihrer Arbeitsgruppe (2009) zeigen können, dass indirekte mathematische Aktivitäten wie z. B. Würfelspiele helfen, Kindern mathematisches Wissen zu vermitteln. Allerdings kommt es immer darauf an, wie alt die jeweiligen Kinder sind und was ihr Vorwissensstand ist. So können Würfelspiele sowohl zu anspruchsvoll als auch zu leicht sein, je nachdem wie komplex das Spiel ist und welche Kenntnisse sich ein Kind schon angeeignet hat. Sinnvoll ist also immer eine Mischung aus beidem (Spielen und damit inzidentelles, also zufälliges Lernen, sowie passende Erklärungen, die dem Kind gezielt Wissen vermitteln). Denn – wie heißt es doch so schön: Auf einem Bein allein steht man nicht gut!

Insgesamt finden Sie viele Punkte innerhalb der mathematischen familiären Lernumwelt, an denen Sie angreifen können, um Ihre Kinder in der mathematischen Kompetenzentwicklung zu unterstützen. Bevor Sie jetzt aber vor der Vielzahl an Möglichkeiten kapitulieren und gar nicht erst anfangen, suchen Sie sich einfach nur ein oder zwei Aspekte aus, an denen Sie arbeiten möchten. Sicherlich wird das nicht ganz einfach für ausgewiesene Mathematik-Phobiker, aber direkte Konfrontation ist schon immer eine gute Möglichkeit gewesen, die eigenen Ängste zu überwinden.

**Fazit**

Zusammenfassend lassen sich die Zusammenhänge der frühen familiären Lernumwelt mit beginnenden Mathematikkompetenzen folgendermaßen darstellen (Abb. 5.3).

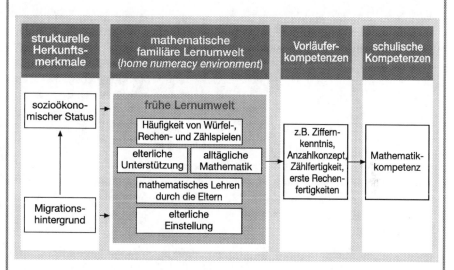

**Abb. 5.3**   Übersicht über die Zusammenhänge der frühen mathematischen Lernumwelt mit der Mathematikkompetenz

Wie im Bereich Schriftsprache nehmen auch im Bereich Mathematik Hintergrundvariablen wie der sozioökonomische Status oder ein vorhandener Migrationshintergrund Einfluss darauf, wie sich die familiäre Lernumwelt darstellt. Diese besteht im mathematischen Bereich schwerpunktmäßig darin, welche alltäglichen mathematischen Erfahrungen die Kinder in der Familie machen. Einerseits äußert sich dies in der Häufigkeit, mit der über Zahlen gesprochen wird, wie häufig gezählt wird oder auch wie häufig Würfel-, Zähl- oder Rechenspiele gespielt werden. Andererseits spielen aber auch die Einstellung der Eltern zur Mathematik und zusätzlich spezifische Unterstützungsleistungen sowie das Beibringen mathematischer Zusammenhänge durch die Eltern eine Rolle. Die familiäre Lernumwelt wiederum beeinflusst dann die Vorläuferfertigkeiten der Kinder, die letztlich die schulische Mathematikleistung vorhersagen.

## Literatur

Aebli, H. (1998). Zwölf Grundformen des Lehrens. Eine allgemeine Didaktik auf psychologischer Grundlage (10. Aufl.). Stuttgart: Klett-Cotta.
Butterworth, B. (2005). The development of arithmetical abilities. Journal of Child Psychology and Psychiatry, 46(1), 3–18.

Ehmke, T. & Siegle, T. (2008). Einfluss elterlicher Mathematikkompetenz und familialer Prozesse auf den Kompetenzerwerb von Kindern in Mathematik. Psychologie in Erziehung und Unterricht, 55, 253–264.

Fuchs, L. S., Geary, D. C., Compton, D. L., Fuchs, D., Schatschneider, C., Hamlett, C. L., DeSelms, J., Seethaler, P. M., Wilson, J., Craddock, C. F., Bryant, J. D., Luther, K. & Changas, P. (2013). Effects of first-grade number knowledge tutoring with contrasting forms of practice. Journal of Educational Psychology, 105(1), 58–77.

Fuson, K. C. (1988). Children's counting and concepts of number. New York: Springer.

Ginsburg, H. P., Duch, H., Ertle, B. & Noble, K. G. (2012). How can parents help their children learn math? In B. H. Wasik (Hrsg.), Handbook of family literacy (S. 51–65). New York. Routledge

Gunderson, E. A. & Levine, S. C. (2011). Some types of parent number talk count more than others: Relations between parents' input and children's cardinal-number knowledge. Developmental Science, 14(5), 1021–1032.

Krajewski, K. & Schneider, W. (2009). Early development of quantity to number-word linkage as a precursor of mathematical school achievement and mathematical difficulties: Findings from a four-year longitudinal study. Learning and Instruction, 19, 513–526.

LeFevre, J.-A., Polyzoi, E., Skwarchuk, S.-L., Fast, L. & Sowinski, C. (2010). Do home numeracy and literacy practices of Greek and Canadian parents predict the numeracy skills of kindergarten children? International Journal of Early Years Education, 18(1), 55–70.

LeFevre, J.-A., Skwarchuk, S.-L., Smith-Chant, B. L., Fast, L., Kamawar, D. & Bisanz, J. (2009). Home numeracy experiences and children's math performance in the early school years. Canadian Journal of Behavioural Science, 41(2), 55–66.

Niklas, F. & Schneider, W. (2012). Einfluss von „Home Numeracy Environment" auf die mathematische Kompetenzentwicklung vom Vorschulalter bis Ende des 1. Schuljahres. Zeitschrift für Familienforschung, 24(2), 134–147.

Ramani, G. & Siegler, R. S. (2008). Promoting broad and stable improvements in low-income children's numerical knowledge through playing number board games. Child Development, 29, 375–394.

Schulz, A. (2009). Zahlen begreifen lernen. In A. Frith, G. Ricken & S. Schmidt (Hrsg.), Handbuch Rechenschwäche. Lernwege, Schwierigkeiten und Hilfen bei Dyskalkulie (2. erw. und akt. Aufl., S. 396–412). Weinheim: Beltz.

Siegler, R. S. & Ramani, G. (2009). Playing linear number board games – but not circular ones – improves low-income preschoolers' numerical understanding. Journal of Educational Psychology, 101(3), 545–560.

Skwarchuk, S.-L. (2009). How do parents support preschoolers' numeracy learning experiences at home? Early Childhood Education Journal, 37, 189–197.

# 6

# Wie lassen sich sozial-emotionale Kompetenzen fördern?

## Inhalt

F. Niklas, *Mit Würfelspiel und Vorlesebuch*, DOI 10.1007/978-3-642-54759-1_6,
© Springer-Verlag Berlin Heidelberg 2014

## 6.1    Was sind sozial-emotionale Kompetenzen? – Einfühlungsvermögen bis Konfliktlösestrategien im Fokus

Wer heutzutage beruflich erfolgreich sein will, braucht längst nicht mehr nur berufliche und fachliche Qualitäten oder eine hohe Begabung. Gewünscht werden von Arbeitgebern mittlerweile auch sogenannte Soft Skills, d. h. sozial-emotionale Kompetenzen. Nun ist es nicht besonders verwunderlich, dass in bestimmten sozialen Berufen wie z. B. im Bereich Erziehung „Teamfähigkeit" oder „Kommunikationsstärke" relevante Aspekte darstellen.

---

? 

Wussten Sie, dass auch von IT-Experten sozial-emotionale Kompetenzen häufiger gefordert werden als beispielsweise Kenntnisse in spezifischen Programmiersprachen?

---

Tatsächlich berichtete die *Computerwoche* genau dies und bezog sich dabei auf Auswertungen von 600 Online-Offerten, die eine Unternehmensberatung im Rahmen der CeBIT 2009 vorstellte (PPI AG 2009). So wurden sozial-emotionale Kompetenzen bei neun von zehn Stellen gefordert. Bestimmte Programmierkenntnisse hingegen wurden nur bei jeder zweiten bis dritten Stelle verlangt. Wie im Folgenden deutlich werden wird, sind diese Kompetenzen aber nicht nur in der Berufswelt von Bedeutung, sondern spielen schon wesentlich früher in der persönlichen Entwicklung eine wichtige Rolle (Abschn. 6.2). Zunächst soll aber geklärt werden, was sozial-emotionale Kompetenzen überhaupt sind.

---

**Definition**  Unter **sozial-emotionale Kompetenzen** versteht man die Fähigkeit, die eigenen und die Gefühle anderer zu erkennen und zu benennen, eigene Gefühle adäquat zu regulieren und auszudrücken, Gefühle durch eigenes Emotionswissen zu verstehen und zu bewerten sowie Empathie und prosoziale Verhaltensweisen (d. h. Hilfe- und Unterstützungsverhalten gegenüber anderen) zeigen zu können. Hinzu kommen noch Aspekte wie Problemlösefähigkeit und die passende Auswahl an Handlungsalternativen in sozialen Situationen (nach Wadepohl et al. 2011; Wiedebusch und Petermann 2011)

---

Wie aus der Definition ersichtlich wird, umfassen diese Kompetenzen also eine Reihe von durchaus komplexen Fähigkeiten, die wir tagtäglich ganz selbstverständlich im Alltag nutzen. Ganz egal, ob Sie Ihrem Partner, der nach einem anstrengenden Arbeitstag nach Hause kommt, den Ärger über den Feierabendverkehr ansehen oder wie Sie in einer Auseinandersetzung mit Ihrem

Chef reagieren – jeweils bestimmen Ihre sozial-emotionalen Kompetenzen Ihr Verhalten. Aber sind Gefühle und Sozialverhalten nicht zwei verschiedene Paar Schuhe?

---

**?**

**Warum werden emotionale und soziale Fähigkeiten nicht getrennt betrachtet?**

---

Tatsächlich sind die emotionale und soziale Entwicklung sehr eng und auf vielfältige Weise miteinander verbunden (Petermann und Wiedebusch 2008). So sind verschiedene emotionale Fertigkeiten eine notwendige Voraussetzung für die Entwicklung eines angemessenen Sozialverhaltens. Beide Kompetenzen hängen somit sehr eng zusammen, und Personen mit gestörtem Sozialverhalten beherrschen deshalb verschiedene emotionale Fertigkeiten nur unzureichend. Auch führen ein umfangreicheres Emotionswissen, d. h. die Fähigkeit zum Erkennen von Emotionen in Stimme und mimischem Ausdruck, sowie eine gute Emotionsregulation zu höherer Akzeptanz und Wertschätzung durch Gleichaltrige und damit einhergehend auch zu häufigeren Sozialkontakten. Bevor nun aber erklärt wird, wofür diese Kompetenzen wichtig sind, was das Ganze mit der familiären Lernumwelt zu tun hat und auf was Sie bei Ihren Kindern achten sollten, folgt ein Überblick über die Entwicklung von Emotionen und ihren Regulationsfunktionen (Tab. 6.1).

Mit Blick auf die Tabelle könnten Sie einwenden: „Die kleine Luisa war aber schon mit drei Monaten überrascht, als sie das erste Mal mit der Rassel ein Geräusch erzeugt hat." Oder: „Der kleine Lukas war total stolz, als er mit einem Jahr die ersten Schritte gegangen ist." Da haben Sie natürlich nicht ganz unrecht. Allerdings handelt es sich bei diesen frühen Formen noch nicht um funktionstüchtige Emotionen in einem strengeren Sinne, sondern nur um Vorläuferemotionen. Funktionstüchtige Emotionen, die durch eine erfahrungs-und bedeutungsbasierte Einschätzung der Situation ausgelöst werden, entwickeln sich nämlich erst durch die Interaktion mit Bezugspersonen. Nur indem die Bezugsperson die ungerichteten kindlichen Ausdrucksformen angemessen deutet, im eigenen Ausdruck spiegelt und mit einer passenden Handlung verbindet, entwickelt das Kind nach und nach funktionstüchtige Emotionen. Gerade komplexere Emotionen wie Stolz, Scham oder auch Neid setzen zudem voraus, dass das Kind zur Selbstreflexion fähig ist (Petermann und Wiedebusch 2008). Genießen Sie also die schöne Zeit, in der Ihre Kinder zusammen mit Ihnen Emotionen in deren „Reinform" entdecken. Im Laufe des Lebens werden sowohl Sie als auch Ihre Kinder noch oft genug mit vorgetäuschten und falschen Emotionen konfrontiert werden.

**Tab. 6.1** Regulationsfunktionen von Emotionen und ihre Entwicklung (Nach Holodynski und Oerter 2012)

| Alter | Emotion | Anlass | Regulationsfunktion |
|---|---|---|---|
| ab 0 Monaten | Ekel | Wahrnehmung von schädlichen Substanzen | Zurückweisung schädlicher Substanzen/Individuen |
| ab 0 Monaten | Interesse/ Erregung | Neuartigkeit, Abweichung, Erwartung | signalisiert Aufnahmebereitschaft für Information |
| ab 2 Monaten | Freude | Vertraulichkeit, genussvolle Stimulation | Förderung sozialer Bindung; Signal, momentane Aktivität fortzuführen |
| ab 7 Monaten | Ärger | Frustration durch andere Person | bewirkt Beseitigung von Barrieren und warnt andere vor möglicher Aggression |
| ab 9 Monaten | Trauer | Verlust, Mangel an Wirksamkeit | löst bei anderen Empathie und Unterstützung aus; kann bis zur eigenen Handlungsunfähigkeit führen |
| ab 9 Monaten | Furcht | Gefahrwahr- nehmung | identifiziert Bedrohung und fördert Flucht- oder Angriffstendenzen |
| ab 9 Monaten | Über- raschung | nicht eintreffende Erwartungen | führt zur Unterbrechung des aktuellen Handlungsablaufs |
| ab 18 Monaten | Verlegen- heit | Wahrnehmung, selbst begutachtet zu werden | signalisiert anderen das Bedürfnis nach Zurückgezogenheit; Schutzverhalten |
| ab 24 Monaten | Stolz | Wahrnehmung eigener Tüchtigkeit bzgl. eines Wertemaßstabs | Steigert das eigene Selbstwertgefühl; signalisiert soziale Zugehörigkeit; Appell zur Bewunderung |
| ab 30 Monaten | Scham | Wahrnehmung eigener Unzuläng- lichkeit bzgl. eines Wertemaßstabs | signalisiert Gefahr des sozialen Ausschlusses und führt zu Vermeidungsverhalten und Unterwürfigkeit |
| ab 36 Monaten | Schuld | Erkenntnis, falsch gehandelt zu haben | fördert Versuche zur Wiedergutmachung und führt zu unterwürfiger Körperhaltung |

## 6.2 Warum sind sozial-emotionale Kompetenzen wichtig? – Sozial-emotionale Kompetenzen und kindliche Entwicklung

Natürlich ist es erfreulich, wenn unsere Kinder beliebt sind, und wir sind sicherlich froh, wenn sie in Kindergarten und Schule kein Außenseiterdasein fristen. Aber mal ehrlich:

> **?**
>
> Ist es nicht wichtiger, dass unsere Kinder sich behaupten können und Durchsetzungskraft besitzen, um in unserer heutigen Ellenbogengesellschaft zu bestehen? Und sind nicht rein fachliche Kompetenzen das letztlich entscheidende Kriterium für späteren beruflichen Erfolg?

Natürlich ist diese Argumentation nicht völlig von der Hand zu weisen. Immerhin sind Abschlussnoten ein sehr wichtiges berufliches Einstellungskriterium, geben diese doch einen Hinweis darauf, inwieweit jemand Wissen angehäuft und verstanden hat und welche kognitiven Fähigkeiten jemand besitzt. Aber hätten Sie gedacht, dass der Schulerfolg an sich in nicht unbeträchtlichem Ausmaß von unseren frühen sozial-emotionalen Kompetenzen beeinflusst wird? Genau dies ist aber der Fall, wie Durlak et al. (2011) in einer umfangreichen Metaanalyse festgestellt haben:

Durlak und Weissberg (2011) berichten über diese Untersuchung, bei der über 200 sozial-emotionale Lernprogramme daraufhin analysiert wurden, inwieweit diese nicht nur sozial-emotionale Kompetenzen und Verhalten förderten, sondern auch Einfluss auf schulische Leistung hatten. Über 270.000 Kinder und Jugendliche unterschiedlichen Alters waren in den untersuchten Studien involviert, und es wurden nur Studien berücksichtigt, bei denen allgemeine Programme durchgeführt wurden, die auf ganze Klassen und nicht nur auf Kinder mit speziellen Problemen ausgerichtet waren. Die Programme fokussierten dabei unter anderem auf kooperatives Lernen in der Schule, Verhaltensbeobachtungen und Diskussionen über Verhalten, oder es wurden Eltern darin trainiert, mit ihren Kindern sozial-emotionale Kompetenzen zu üben. Durchgeführt wurden die Interventionen in über der Hälfte der Fälle von Erzieherinnen und Lehrkräften, ansonsten von wissenschaftlichem Personal.

Bei den Ergebnissen über alle Programme hinweg zeigte sich zunächst – wenig überraschend – ein positiver Effekt im Hinblick auf die sozial-emotionalen Kompetenzen selbst. Kinder und Jugendliche, die an den Programmen teilgenommen hatten, wiesen eine deutlichere Kompetenzsteigerung gegenüber den Nichtteilnehmenden auf. Interessant war aber, dass sich ein zwar etwas kleinerer, aber dennoch bedeutsamer Effekt auch für die schulischen Leistungen in Form von standardisierten Lese- und Mathematiktests nachweisen ließ. Die Vorteile,

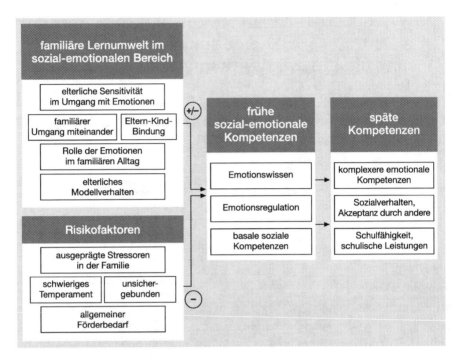

**Abb. 6.1** Übersicht über die Zusammenhänge der frühen sozial-emotionalen Lernumwelt mit der sozial-emotionalen Kompetenz

die die Programme hierbei mit sich brachten, waren sogar ähnlich groß, wie deren Einfluss auf prosoziales Verhalten, d. h. dem Hilfeverhalten. Erfreulich war zudem, dass diese Effekte in Studien, die eine Nachuntersuchung beinhalteten, auch noch mindestens ein halbes Jahr nach Beendigung der Programme nachweisbar waren.

Neben diesen beeindruckenden Befunden zeigt sich zusätzlich, dass der Erwerb sozial-emotionaler Fertigkeiten schon in der frühen Kindheit als sehr relevant für spätere Schulfähigkeit, Lernbereitschaft und schulische Erfolge anzusehen ist (Petermann und Wiedebusch 2008). So haben Kinder mit nicht altersgemäß entwickelten sozial-emotionalen Fertigkeiten nicht nur häufiger Konflikte mit anderen Kindern, sondern bekommen häufig auch Probleme mit den schulischen Leistungsanforderungen. Emotionale Fertigkeiten sind also durchaus relevante Prädiktoren späterer schulischer Kompetenzen. Den Zusammenhang der Lernumwelt mit der sozial-emotionalen Entwicklung verdeutlicht auch Abb. 6.1.

Ganz rechts in der Abbildung finden sich neben komplexeren emotionalen Kompetenzen (z. B. ausgeprägtes Emotionswissen und -regulation, ausgeprägtes Empathieempfinden) das Sozialverhalten und eben auch schulische Kompetenzen. Diese werden zum Teil mitbedingt durch frühe sozial-emotionale Fähigkeiten der Kinder. Es konnten mittlerweile auch einige Risikofaktoren identifiziert werden, die eine positive sozial-emotionale Kompetenzentwicklung gefährden (Wiedebusch und Petermann 2011). So verhalten sich unsicher gebundene Kinder (Abschn. 1.2) später häufiger sozial inkompetent im Vergleich zu Gleichaltrigen, und bei Kindern mit allgemeinem Frühförderbedarf, schwierigem Temperament in der frühen Kindheit oder bei Kindern, die ausgeprägtem familiären Stress ausgesetzt waren, werden ebenfalls häufiger Auffälligkeiten im sozial-emotionalen Bereich festgestellt. Sowohl positiv als auch negativ – je nach Ausprägung – wirkt wiederum die sozial-emotionale familiäre Lernumwelt. Auf diese Aspekte wird in den folgenden Abschnitten eingegangen.

Leider sind das schlechte Nachrichten für all diejenigen, die ihren Kindern zwar teure und gute mathematische und schriftsprachliche Lernmittel zur Verfügung stellen, aber den sozial-emotionalen Bereich vernachlässigen. Hier benötigen Kinder nämlich genauso unsere Unterstützung. Bevor Sie jetzt aber hektisch Ihren ohnehin schon vollen Terminkalender nach Lücken zur sozial-emotionalen Förderung Ihrer Kinder durchforsten, gleich noch die gute Nachricht hinterher: Wie im Folgenden ersichtlich werden wird, lassen sich diese Kompetenzen im ganz normalen alltäglichen familiären Umgang relativ leicht ausbilden.

## 6.3 Warum ziehst du so ein Gesicht? – Gefühle erkennen und interpretieren

Mit der Fernsehsendung *Was guckst du?!* feierte der türkisch-deutsche Komiker Kaya Yanar große Erfolge damit, Stereotype verschiedener Nationalitäten und insbesondere von Türken ironisch zu kritisieren. Der Titel der Sendung passt aber auch sehr gut in den Bereich der sozial-emotionalen Kompetenzen. Denn unser Emotionswissen umfasst insbesondere das Erkennen und Interpretieren von Gefühlen, die sich in der Mimik und dem Verhalten unseres Gegenübers zeigen. Wie bereits in Abschn. 6.1 gezeigt wurde, ist die emotionale Kompetenzentwicklung ein durchaus komplexer und langwieriger Prozess. Aber diese Anstrengung lohnt sich.

In einer Längsschnittstudie untersuchten Denham et al. (2012) die sozial-emotionale Entwicklung von 322 Kindern, die zu Beginn der Untersuchung zwischen drei und fünf Jahre alt waren. Um bei so jungen Kindern zuverlässig das Emotionswissen zu erfassen, griffen die Forscher auf Puppen mit ablösbaren Filzgesichtern zurück, die fröhliche, traurige, wütende oder ängstliche

Ausdrücke zeigten. Diese Gesichter sollten nicht nur passend benannt oder bei Nachfrage gezeigt werden, sondern in einer zusätzlichen Aufgabe den Puppen entsprechend einer vorgespielten Situation zugeordnet werden. Konzentriert wurde sich auf negative Gesichter, da positive Gefühlsausdrücke früher gelernt werden und in der Stichprobe schon gut beherrscht wurden. Zusätzlich wurden im weiteren Verlauf der Studie Maße zur Selbstregulation, zur Schulanpassung in Bezug auf das Verhalten sowie mathematische und schriftsprachliche Kompetenzen erfasst. Welche Ergebnisse zeigten sich?

Zunächst war ein ganz klarer Alterstrend feststellbar: Ältere Kinder wiesen ein höheres emotionales Verständnis auf als jüngere, und dieses Verständnis vergrößerte sich bei allen Kindern über die Zeit hinweg. Daneben konnte ein enger Zusammenhang zwischen dem Emotionswissen und der Selbstregulation festgestellt werden. Dementsprechend wiesen Kinder, die ihr Verhalten besser kontrollieren konnten und nicht so leicht impulsivem Verhalten nachgaben, auch ein besseres Emotionsverständnis auf. Letztlich wurde deutlich, dass frühzeitig gut ausgeprägtes Emotionswissen Vorteile für die spätere Entwicklung mit sich bringt, und zwar sowohl hinsichtlich des Verhaltens als auch der schulischen Leistungen.

Mit zunehmendem Alter erwerben Kinder also auch größere emotionale Kompetenzen, wie dies auch im Bereich Mathematik und bei der sprachlichen Entwicklung der Fall ist.

---
**?**
---

**Können wir uns getrost zurücklehnen und die Zeit für uns arbeiten lassen?**

Auch wenn das vielleicht schön wäre – ganz so einfach ist es leider nicht. Entwicklung hat nur in seltenen Fällen mit dem Verstreichen der Zeit zu tun (z. B. beim reifungsbedingten Laufenlernen). Meist ist es nicht das höhere Alter zwischen einem Zeitpunkt A und einem Zeitpunkt B, das unseren Horizont erweitert, sondern es sind die Erfahrungen, die wir zwischen A und B machen. Leider ist gerade auch der sozial-emotionale Bereich bei vielen Kindern nicht unproblematisch. So berichten Erzieherinnen davon, dass bei jedem fünften Kind im Kindergarten die sozial-emotionalen Fähigkeiten nicht altersgerecht entwickelt sind (Wiedebusch und Petermann 2011). Aus diesem Grund ist es auch ungemein wichtig, dass Kindern frühzeitig Lernmöglichkeiten geboten werden.

Ein sehr bekanntes und wirksames Förderprogramm, das im Kontext Kindergarten häufig angewendet wird, ist *Faustlos* (Cierpka und Schick 2004). Der auf dem amerikanischen Programm *Second Step* basierende Präventionsansatz wird mit der gesamten Kindergartengruppe durchgeführt, wobei einer der Programmbestandteile sich explizit mit dem Thema Emotionen und deren Identifikation auseinandersetzt. Hierzu werden den Kindern z. B. Bilder von anderen Kindern gezeigt und im Anschluss daran verschiedene Fragen gestellt und diskutiert (z. B. „Woran siehst du, dass er sich ärgert oder traurig ist? Schau mal auf sein Gesicht und seinen Körper und beschreibe, wie er dasteht! Was denkt Ihr, wie fühlt sich …?").

---

**?**

**Wie können Sie die emotionalen Kompetenzen Ihres Kindes fördern?**

---

Ganz einfach: Achten Sie auf die Gefühle Ihrer Kinder und sprechen Sie über Gefühle! So können Sie beispielsweise Emotionsspiele mit Ihren Kindern machen, bei denen Sie oder Ihr Kind Emotionen darstellen und der andere versucht, diese zu erraten. Genauso ist es z. B. möglich, anhand gemeinsamer Erlebnisse über Ursachen, Umstände und Folgen von Gefühlen zu sprechen. Schon kleine Kinder können verstehen, dass ein anderes Kind traurig ist, wenn dessen Spielzeug kaputt gegangen ist. Verschiedene Interventionsprogramme, die solche Tätigkeiten und Interaktionen in den Familien fördern, unterstützen damit den Aufbau emotional-sozialer Kompetenzen bei den beteiligten Kindern (Wiedebusch und Petermann 2011).

Sie sehen also, dass es eigentlich ganz einfach ist, den sozial-emotionalen Kompetenzerwerb Ihrer Kinder zu unterstützen. Und noch ein Wort ganz speziell an die Männer gerichtet: Ja, auch das sogenannte starke Geschlecht darf Gefühle haben, diese zeigen und darüber reden. Und wenn Sie das schon nicht bei Ihren Frauen machen, dann versuchen Sie es doch zumindest bei Ihren Kindern – Ihnen *und* ihnen zuliebe.

## 6.4   Fühlst du das genauso? – Empathie und Emotionsregulation

Emotionen erkennen, benennen und interpretieren zu können, ist das eine – und das ist schon schwer genug! Ein Schritt, der aber darüber hinausgeht und genauso wichtig ist, besteht darin, mit anderen Personen mitfühlen zu können, also Empathie zu zeigen, oder auch die eigenen Gefühle regulieren zu können. Beispielsweise haben Täter schulischer Gewalt (sogenannte „Bullys" vom englischen *bullying* für „Tyrannisieren") durchaus die Fähigkeit, sich in ihre Opfer hineinzudenken bzw. hineinzuversetzen. Was ihnen aber häufig fehlt, ist das Ein- und Mitfühlen sowie das Schuldbewusstsein. Die Grundlage für Empathie wird schon sehr früh in der Entwicklung der Kinder gelegt, auch wenn sich Empathie im Laufe der kindlichen Entwicklung immer weiter ausprägt.

Wie Tong et al. (2012) bei einer Untersuchung japanischer Kleinkinder feststellten, spielen hierbei vor allem die Eltern eine wichtige Rolle. Eltern, die gut auf ihre Kinder und deren Bedürfnisse eingehen, sie gleichzeitig kognitiv fördern und einen geregelten Alltag bieten, unterstützen damit auch die Empathieentwicklung ihrer Kinder. Und auch zur Emotionsregulation gibt es wissenschaftliche Befunde.

Aufschluss über die Bedeutung der Regulation von Gefühlen bietet eine Studie von Garner und Waajid (2012). Sie untersuchten in den USA 74 Vorschulkinder im Alter zwischen drei und fünf Jahren und erfassten zunächst anhand von Bildern ihr Emotionswissen. Darüber hinaus wurden die Erzieherinnen über die Konzentrationsfähigkeit der Kinder befragt. Letztlich wurden die Kinder drei Monate lang während des Freispiels beobachtet, und dabei wurde der emotionale Ausdruck bewertet. Die Forscher waren nun daran interessiert, inwieweit diese Maße mit der kognitiven und sozialen Kompetenz sowie mit Verhaltensproblemen verknüpft waren.

Es zeigte sich, dass selbst bei Kontrolle von Alter, Geschlecht und sozioökonomischem Status das Emotionswissen sowohl die kognitive als auch die soziale Kompetenz beeinflusste, während der emotionale Ausdruck im Freispiel, der auf die Gefühlsregulationsfähigkeit hindeutet, sowohl die soziale Kompetenz als auch auftretende Verhaltensprobleme mitbestimmte. Dabei wiesen Kinder, die häufiger im sozialen Umgang mit anderen Kindern positive Gefühle zeigen konnten, höhere soziale Kompetenzen auf und zeigten weniger problematisches Verhalten.

Nun ist es ja schön und gut, dass irgendwelche Zusammenhänge gefunden wurden – das allein sagt allerdings noch wenig über kausale Verbindungen aus. Auch ist damit noch nicht geklärt, inwieweit sich Emotionsregulation überhaupt verändern lässt.

---

**?**

**Lässt sich der Umgang mit Gefühlen üben und nimmt eine verbesserte Emotionsregulation Einfluss auf das Sozialverhalten?**

---

Diesen Fragen gingen Izard et al. (2008) nach. In zwei Studien mit insgesamt über 350 Kindern im Alter von etwa vier Jahren überprüften sie Effekte des „Emotion-Based Prevention Program" (EBP). Bei diesem 20-wöchigen Präventionsprogramm, das von Erzieherinnen in wöchentlichen Sitzungen durchgeführt, aber zugleich von wissenschaftlicher Seite aus betreut wurde, sollten primär das Emotionswissen und die Emotionsregulation der Kinder trainiert werden. Letztere wurde fokussiert, indem Kindern aktiv gezeigt wurde, wie sie anderen helfen können, ihre Gefühle zu regulieren (z. B. Erkennen der Emotion des anderen, Mitfühlen, Hilfeverhalten ausüben). Zudem wurde den Kindern die „hold tight technique" beigebracht. In Konfliktsituationen sollten Kinder nach diesem Prinzip

1. sich einen weichen Gegenstand suchen und fest an sich pressen,
2. dreimal tief durchatmen und dabei mitzählen,
3. verbal verhandeln und
4. fair bleiben.

Bestandteil neben diesen festen Sitzungen waren auch Übungen für zu Hause. Tatsächlich erwies sich dieses Förderprogramm in beiden Studien als erfolgreich. Dabei steigerten sich nicht nur das Emotionswissen und die Emotionsregulation bei den geförderten Kindern signifikant deutlicher als bei Kindern in den Kontrollgruppen, sondern es konnten auch das Auftreten von aggressivem, ängstlichem und allgemein negativem Verhalten reduziert sowie die soziale Kompetenz gestärkt werden.

Damit können also beide Fragen ganz klar beantwortet werden: Ja, der Umgang mit Gefühlen lässt sich üben, und eine verbesserte Emotionsregulation führt zu einem deutlich besseren Sozialverhalten und zu weniger negativen Verhaltensweisen. Aus diesen Gründen setzt das bereits erwähnte erfolgreiche Präventionsprogramm *Faustlos* (Cierpka und Schick 2004) unter anderem auch an der Empathie und der Impulskontrolle an. So sollen Kinder in diesem Programm z. B. in Rollenspielen lernen, impulsives Verhalten zu vermindern, und die Perspektive anderer und deren Gefühle zu verstehen.

─────── ? ───────────────────────────────────────────────

**Wie kann die Emotionsregulation in der familiären Lernumwelt verbessert werden?**
──────────────────────────────────────────────────────────

Obwohl diese Programme auf Erzieherinnen ausgerichtet sind, wurden die Inhalte nicht speziell für den Kindergarten oder die Schule entwickelt. So gehören Hausaufgaben für Kinder und Eltern bei dem oben beschriebenen EBP sogar explizit zum Programm. Auch zu Hause kann Kindern vermittelt werden, wie sie mit eigenen Gefühlen umgehen und wie sie z. B. ihre Freunde trösten können. Außerdem spielen Eltern bei der frühen Emotionskoregulation eine wichtige Rolle, d. h., sie helfen ihren Kindern, deren Gefühle zu regulieren (Abschn. 6.1). Eine abschließende Übersicht über den familiären Einfluss auf den Bereich „emotionale Kompetenz" bietet Abb. 6.2.

In Bezug auf die familiäre Lernumwelt wird ersichtlich, dass Eltern, die in Interaktionen mit ihren Kindern emotional warm und positiv agieren, bei ihren Kindern einen positiven Emotionsausdruck und eine angemessene Emotionsregulation fördern. Sowohl die Emotionsregulation als auch das Emoti-

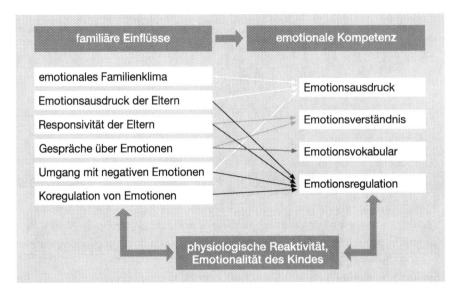

**Abb. 6.2** Familiäre Einflüsse auf die Entwicklung emotionaler Kompetenz (adaptiert nach Petermann und Wiedebusch 2008, S. 86)

onswissen der Kinder werden zudem über ein passendes familiäres Kommunikationsmuster in Bezug auf Emotionen gestärkt. Dabei ist es wichtig, dass Mütter wie Väter sowohl mit ihren Töchtern als auch mit ihren Söhnen (mit denen wird dies meist nämlich seltener gemacht) über Ursachen von Emotionen, dem Auftreten von Emotionen und auch über Gefühle Dritter sprechen. Letztlich ist die Hilfestellung, die Eltern ihren Kindern bei der Regulation von Gefühlen bieten, ein wichtiger Aspekt. Eltern, die Trost spenden, auf die Gefühlsausdrücke ihrer Kinder sensitiv reagieren, positive Gefühle mit ihnen teilen und bei negativen Emotionen nicht zu streng reagieren, fördern damit sowohl den Emotionsausdruck als auch die Emotionsregulation ihrer Kinder.

Um die emotionale Entwicklung ihrer Kinder zu unterstützen, sollten Eltern somit Folgendes tun (Petermann und Wiedebusch 2008):

- eigene Emotionen (auch Mitgefühl) offen ausdrücken,
- sowohl mit positiven als auch negativen Emotionen offen und tolerant umgehen,
- unmittelbar und sensibel auf die kindlichen Gefühlsäußerungen reagieren,
- mit den Kindern über Gefühle sprechen,
- ein positives emotionales Familienklima schaffen,
- Kinder bei der Bewältigung von (insbesondere negativen) Gefühlen unterstützen,
- eigenständige Emotionsregulation von Kindern fördern,

- Kindern helfen, sich in das emotionale Erleben anderer hineinzuversetzen,
- selbst authentisch sein.

All dies ist leicht in den Alltag integrierbar, und viele Punkte werden die meisten von uns sowieso schon beachten. Dennoch schadet es sicher nichts, sich diese Auflistung immer wieder einmal anzusehen. Denn gerade wenn wir als Erwachsene im Stress sind, gehen gute Vorsätze gern einmal unter. Und wenn es dann trotz aller Maßnahmen zu Hause trotzdem mal wieder kracht und Ihr Kind so richtig wütend wird, können Sie es immer noch mit der oben beschriebenen „hold tight technique" versuchen – achten Sie nur rechtzeitig darauf, dass Sie genügend widerstandsfähige und kuschelige Kissen parat haben.

## 6.5  Kannst du mir mal helfen? – Prosoziales Verhalten hilft allen

? 

Wer hilft eher freiwillig anderen Kindern: Mädchen oder Jungen?

Wenn man vom klassischen Rollenbild ausgeht, das in unserer Gesellschaft verankert ist, würde man wohl davon ausgehen, dass Mädchen hilfsbereiter sind. Tatsächlich finden einige Studien auch eine etwas höhere Tendenz bei Mädchen zu helfen. Insgesamt betrachtet sind die Unterschiede aber eher gering, und es zeigte sich, dass es vielmehr darauf ankommt, welche Art der Hilfe benötigt wird. So helfen Mädchen eher in Hilfesituationen, in denen soziale, emotionale oder sorgende Zuwendung erforderlich ist (z. B. trösten). Jungen hingegen unterstützen andere häufiger als Mädchen, wenn in Hilfesituationen Initiative und aktive Intervention vonnöten ist (z. B. andere verteidigen). Nun mag es gesellschaftlich sicher angesehen sein, wenn man sich für andere einsetzt, aber ist das nicht letztlich eine zwar nette, aber brotlose Kunst?

? 

Wie wichtig ist prosoziales Verhalten, d. h. anderen freiwillig zu helfen?

Eine umfassende Dokumentation der Bedeutung von prosozialem Verhalten lieferte Wentzel (1993, 1994). Sie untersuchte in verschiedenen Analysen über 400 Schülerinnen und Schüler der 6. und 7. Klasse. Dazu befragte sie sowohl die Kinder als auch deren Lehrer hinsichtlich prosozialem Verhalten, Beliebtheit und Einstellungen und erfasste auch weitere Variablen wie beispielsweise die schulische Leistungen der Kinder, deren Intelligenz und schulische Fehltage.

Bei Ihren Auswertungen zeigte sich, dass prosoziales Verhalten positiv und hoch mit der sozialen Akzeptanz bei Mitschülern und etwas geringer, aber dennoch bedeutsam, mit der Akzeptanz durch die Lehrer korrelierte. Daneben hing ein größeres prosoziales Verhalten aber auch mit besseren Schulnoten zusammen, und zwar selbst dann, wenn Intelligenz, Fehlzeiten, Akzeptanz durch den Lehrer, Interesse an der Schule sowie antisoziale Verhaltensweisen kontrolliert wurden. Dieser Zusammenhang wurde noch dadurch untermauert, dass bei stärker ausgeprägtem prosozialem Verhalten der Schüler diese durch ihre Lehrer auch als interessierter an der Schule wahrgenommen wurden. Das schulische Interesse wiederum hing stark mit der schulischen Leistung zusammen. Insgesamt deuten die Ergebnisse, auch wenn es sich bei den Analysen nur um korrelative Zusammenhänge handelt, und damit keine direkten kausalen Effekte nachweisbar sind, auf die durchaus wichtige Rolle von prosozialem Verhalten im Hinblick auf sowohl Akzeptanz als auch Schulerfolg hin.

Da also das Hilfeverhalten für die Kompetenzentwicklung von Kindern bedeutsam ist, liegt es nahe, Kinder bei der Ausbildung prosozialer Verhaltensweisen zu unterstützen. Hierzu müssen aber erstmal die Voraussetzungen für die Entwicklung von prosozialem Verhalten identifiziert werden.

Die Entwicklung prosozialen Verhaltens setzt zunächst ein gewisses Ausmaß an sozial-emotionaler Kompetenz voraus. Dementsprechend ist es nicht verwunderlich, dass diese Verhaltensweisen sich häufig erst im Grundschulalter ausgeprägter zeigen und in ihrer Häufigkeit noch bis ins Jugendalter zunehmen. Danach nimmt das prosoziale Verhalten wieder etwas ab und pendelt sich vom Umfang her auf dem Niveau von Erwachsenen ein (Bierhoff 2010). Kinder, die anderen helfen, sind durch größere sozial-emotionale Kompetenz gekennzeichnet als Kinder, die es nicht tun. Somit sind fehlende soziale Kompetenzen und gering ausgeprägtes prosoziales Verhalten das Ergebnis von höherer negativer Emotionalität, niedriger Selbstkontrolle und gering ausgeprägter Empathie. Man kann also direkt an den Hinweisen aus Abschn. 6.4 anknüpfen, da die Förderung von Emotionswissen und Empathie letztlich auch der Entwicklung von prosozialem Verhalten zugutekommt.

---

?

**Sollen Kinder für prosoziale Verhaltensweisen materiell belohnt werden?**

---

Allzu hilfreich ist so etwas nicht. Zwar erhöhen materielle Belohnungen die Hilfsbereitschaft in der gegebenen Situation, aber die auf diese Art und Weise ausgelöste oder bestärkte Hilfsbereitschaft generalisiert nur unzureichend auf neue Situationen (Bierhoff 2010). Außerdem besteht die Gefahr, dass die Kinder durch materielle Verstärkungen eine Belohnungserwartung entwickeln. Dementsprechend könnte es passieren, dass nur noch aus der Erwartungshaltung, eine Gegenleistung zu bekommen, geholfen und bei Ausbleiben von Belohnungen prosoziales Verhalten zukünftig völlig unterlassen wird (vgl. auch Abschn. 8.3).

**?**

**Wie kann prosoziales Verhalten sinnvoll gefördert werden?**

Zumindest bei Kindern im Grundschulalter ist dies sehr einfach, und zwar mithilfe sogenannter attributionaler Rückmeldungen, d. h. mit Rückmeldungen die dem Kind bestimmte Eigenschaften zuschreiben. Rückmeldungen, die Kindern verdeutlichen, dass sie sich häufig positiv verhalten, können einen generalisierten Anstieg prosozialen Verhaltens hervorrufen. Also vergessen Sie nicht, Ihr Kind immer wieder daran zu erinnern, wie nett und hilfsbereit es doch ist.

## 6.6 Wer wird denn gleich in die Luft gehen? – Problemlösefähigkeiten und die richtige Handlungsauswahl

**?**

**Warum zeigen Jungen im Vergleich zu Mädchen häufig schon früh in ihrer Entwicklung mehr Aggressivität?**

Eine ganz klare und eindeutige Antwort gibt es zugegebenermaßen nicht. Dafür ist Aggressivität ein zu komplexes Phänomen, das sowohl über unsere genetische Ausstattung als auch unsere Umwelt mitbestimmt wird (Abschn. 3.1). Dennoch gibt es einen Aspekt, der eine nicht unbedeutende Rolle spielt. Im Durchschnitt hinken Jungen im Vergleich zu Mädchen etwas bei der Sprachentwicklung hinterher, und es gibt deutlich mehr Jungen mit Sprachentwicklungsverzögerungen und -störungen als Mädchen. Vielleicht fragen Sie sich, was das nun wieder mit Aggressivität zu tun haben soll? Dadurch, dass viele Jungen zu Beginn eher später und schlechter sprechen, ist eine wesentliche Fähigkeit zum Gefühlsausdruck und auch zum Problemlösen bei manchen von ihnen eingeschränkt. Deshalb bleiben ihnen natürlich weniger Möglichkeiten, um ihren Unmut kundzutun. Anstatt sich also verbal zu beschweren, reagieren diese Jungen zornig und aggressiv. Bei manchen Männern hat man das Gefühl, dass sie auch als Erwachsene noch mit dieser Problematik zu kämpfen haben.

———— ?

**Wie hängt die Problemlösefähigkeit mit sozial-emotionalen Kompetenzen zusammen?**

Ein sehr relevanter Aspekt sozial-emotionaler Kompetenzen ist der Umgang mit problematischen sozialen Situationen und damit auch Konfliktlösestrategien. Um es einfacher auszudrücken: Wer hohe sozial-emotionale Kompetenzen aufweist, wählt auch häufiger die richtigen Handlungsalternativen, zeigt mehr prosoziales Verhalten und eckt damit seltener an. Destruktives oder auch aggressives Verhalten wird somit reduziert. Wie aus den bisherigen Ausführungen ersichtlich, führt dies letztlich zu höherer sozialer Akzeptanz und hängt auch mit besseren schulischen Kompetenzen zusammen. Neben der Förderung emotionaler Kompetenzen und prosozialen Verhaltens sollte also die soziale Problemlösung mit den Kindern eingeübt werden. Wie so etwas aussehen kann, zeigt die Untersuchung von Wadepohl et al. (2011).

In dieser Studie wurde ein von Koglin und Petermann (2006) entwickeltes Verhaltenstraining mit 127 Kindergartenkindern durchgeführt, wobei parallel eine Kontrollgruppe von 129 Kindern ohne Training mitverfolgt wurde. Das universelle Präventionsprogramm hatte zum Ziel, Problemverhalten abzubauen und sozial-emotionale Kompetenzen zu fördern. Die jeweiligen Trainingseinheiten wurden in einem Zeitraum von drei Monaten zweimal wöchentlich von einer Erzieherin durchgeführt. Die beiden Schwerpunkte des Trainings behandelten dabei einerseits die Förderung emotionaler Kompetenz und andererseits den Aufbau sozialer Problemlösung. In letzterem Bereich wurden Problemlösefertigkeiten mit den Kindern trainiert, alternative Lösungsstrategien für soziale Konflikte erarbeitet und vorgestellt sowie verschiedene Handlungsalternativen in sozialen Situationen bewertet und eingeübt. Bestandteile dieser Übungen waren auch, Konfliktsituationen und deren Ursachen sowie die Konsequenzen von Handlungen zu erkennen und zu interpretieren. Hierzu wurden Geschichten erzählt, Rollenspiele durchgeführt und in der Gruppe diskutiert. Über Fragebögen wurden zusätzlich zu Beginn der Studie und danach die sozial-emotionalen Fähigkeiten der Kinder erfasst.

Es zeigte sich nach Abschluss des Trainings ein deutlich positiver Effekt des Trainings. So hatten die Kinder in der Trainingsgruppe deutlich weniger Probleme mit Gleichaltrigen und zeigten einen größeren Zuwachs an prosozialem Verhalten. Auch im Bereich Emotionsausdruck und Empathie konnten die Förderkinder deutlicher zulegen. Außerdem stellten die Forscher fest, dass das Training insbesondere bei Risikokindern wirkte, also bei Kindern mit geringen Ausgangswerten in den sozial-emotionalen Kompetenzen.

Es ist also wichtig, mit Kindern Konfliktsituationen zu besprechen und ihnen zu vermitteln, welche Handlungsalternativen sinnvoll sind. Die Studie zeigt aber zusätzlich etwas, das eigentlich selbsterklärend ist: Soziales Lernen funktioniert nur in sozialen Kontexten. Selbst wenn es möglich ist, soziale Situationen in der Theorie zu besprechen und die eigenen Verhaltensweisen in der Theorie zu verbessern, so sind doch soziale Interaktionen (und sei es nur in Form von Rollenspielen) notwendig, um die sozialen Kompetenzen dauerhaft zu steigern. So zeigten auch Untersuchungen in den USA, dass die dort weitverbreiteten *after-school programs*, bei denen Kinder in Gruppen z. B. Hausaufgabenhilfe bekommen, kulturelle Aktivitäten durchführen, zusätzliche Förderung in schulischen Bereichen erhalten oder auch soziale Fähigkeiten vermittelt werden, sich positiv auf das Verhalten und die Leistungen auswirken (Durlak et al. 2010).

Es ist somit durchaus sinnvoll, wenn Sie Ihren Kindern die Möglichkeit bieten, außerhalb der Schule zusätzliche soziale Erfahrungen in Gruppen mit Gleichaltrigen zu sammeln. Doch wie überall kommt es natürlich auch darauf an, in welchem Umfeld das geschieht. So wird Ihr Kind sicher auch einiges lernen, wenn es mit verhaltensauffälligen jugendlichen Straftätern „in einer Gang auf der Straße abhängt". Ob sich dadurch allerdings sozialverträgliches Verhalten aufbauen wird, ist mehr als fraglich. Achten Sie also darauf, wie soziale Interaktionen beispielsweise in der Sportgruppe Ihres Kindes ablaufen, und suchen Sie am besten gleich Gruppen, die gute Vorbilder bieten. Natürlich ist einschränkend anzumerken, dass sich Ihre Kinder die meisten Freunde selbst aussuchen werden. Ein Versuch Ihrerseits ist es aber allemal wert, denn die Hoffnung stirbt bekanntlich zuletzt.

---

### Fazit

Sozial-emotionale Kompetenzen sind nicht weniger wichtig als schriftsprachliche oder mathematische Fähigkeiten. Dennoch wurde und wird dieser Bereich gerne etwas vernachlässigt, wenn es um die familiäre Förderung von Kindern geht. Dabei ist es gerade bei den sozial-emotionalen Fähigkeiten ein Leichtes, positiv auf den Nachwuchs einzuwirken. Denn im Alltag bieten sich immer wieder und ohne Aufwand sehr viele Gelegenheiten, anhand derer man sozial-emotionale Kompetenzen besprechen, stärken und ausbilden kann. Andererseits sind wir als Eltern in diesem Bereich auch noch viel stärker gefragt als bei den schulischen Kompetenzen. Auch wenn wir durch unser Vorbild die mathematische und schriftsprachliche Entwicklung unserer Kinder beeinflussen (Abschn. 4.3), ist unser Modellverhalten für die sozial-emotionale Kompetenzentwicklung unserer Kinder noch bedeutender. In diesem Sinne: Lassen Sie Ihren (positiven) Gefühlen in der Familie freien Lauf und leben Sie positives Verhalten vor!

## Literatur

Bierhoff, H.-W. (2010). Prosoziales Verhalten in der Schule. In D. H. Rost (Hrsg.), *Handwörterbuch Pädagogische Psychologie* (S. 671–677). Weinheim: Beltz.

Cierpka, M. & Schick, A. (2004). *Faustlos: Ein Curriculum zur Förderung sozial-emotionaler Kompetenzen und zur Gewaltprävention für den Kindergarten.* Göttingen: Hogrefe.

Denham, S. A., Bassett, H. H., Way, E., Mincic, M., Zinsser, K. & Graling, K. (2012). Preschoolers' emotion knowledge: Selfregulatory foundations, and predictions of early school success. *Cognition & Emotion, 26*(4), 667–679.

Durlak, J. A. & Weissberg, R. P. (2011). Promoting social and emotional development is an essential part of students' education. *Human Development, 54*, 1–3.

Durlak, J. A., Weissberg, R. P. & Pachan, M. (2010). A meta-analysis of after-school programs that seek to promote personal and social skills in children and adolescents. *American Journal of Community Psychology, 45*, 294–309.

Durlak, J. A., Weissberg, R. P., Dymnicki, A. B., Taylor, R. D. & Schellinger, K. B. (2011). The impact of enhancing students' social and emotional learning: A meta-analysis of school-based universal interventions. *Child Development, 82*(1), 405–432.

Garner, P. W. & Waajid, B. (2012). Emotion knowledge and self-regulation as predictors of preschoolers' cognitive ability, classroom behavior, and social competence. *Journal of Psychoeducational Assessment, 30*(4), 330–343.

Holodynski, M. & Oerter, R. (2012). Emotion. In W. Schneider & U. Lindenberger (Hrsg.), *Entwicklungspsychologie* (7., vollst. überarb. Aufl. S. 497–520). Weinheim: Beltz.

Izard, C., King, A. K., Trentacosta, C. J., Morgan, J. K., Laurenceau, J.-P., Krauthamer-Ewig, E. S. & Finlon, K. J. (2008). Accelerating the development of emotion competence in Head Start children: Effects on adaptive and maladaptive behavior. *Development and Psychopathology, 20*, 369–397.

Koglin, U. & Petermann, F. (2006). *Verhaltenstraining im Kindergarten: Ein Programm zur Förderung sozial-emotionaler Kompetenz.* Göttingen: Hogrefe.

Petermann, F. & Wiedebusch, S. (2008). *Emotionale Kompetenz bei Kindern* (2. überarb. und erw. Aufl.). Göttingen: Hogrefe.

PPI AG (2009). *Erfolg im Job: Soft Skills wichtiger als Fachwissen. In neun von zehn offenen IT-Stellen sind Soft Skills der Schlüssel zum Job.* Presseinformation vom 5. Mai, 2009. Hamburg: PPI AG Informationstechnologie.

Tong, L., Shinohara, R., Sugisawa, Y., Tanaka, E., Yato, Y., Yamakawa, N. & Anme, T. (2012). Early development of empathy in toddlers: Effects of daily parent-child interaction and home-rearing environment. *Journal of Applied Social Psychology, 42*(10), 2457–2478.

Wadepohl, H., Koglin, U., Vonderlin, E. & Petermann, F. (2011). Förderung sozial-emotionaler Kompetenz im Kindergarten. *Kindheit und Entwicklung, 20*(4), 219–228.

Wentzel, K. R. (1993). Does being good make the grade? Social behavior and academic competence in middle school. *Journal of Educational Psychology, 85*(2), 357–364.

Wentzel, K. R. (1994). Relation of social goal pursuit to social acceptance. Classroom behavior, and perceived social support. *Journal of Educational Psychology, 86* (2), 173–182.

Wiedebusch, S. & Petermann, F. (2011). Förderung sozial-emotionaler Kompetenz in der frühen Kindheit. *Kindheit und Entwicklung, 20*(4), 209–218.

# 7

# Hat die familiäre Lernumwelt nur Einfluss auf junge Kinder?

## Inhalt

F. Niklas, *Mit Würfelspiel und Vorlesebuch*, DOI 10.1007/978-3-642-54759-1_7,
© Springer-Verlag Berlin Heidelberg 2014

## 7.1    Ist die Pubertät der Anfang vom Ende? – Veränderte Rollen im Kontext Familie

In ihrem Lied *Junge* singt die Band „Die Ärzte" von dem als typisch angesehenen Konflikt zwischen Eltern und ihren pubertierenden Kindern. Die Textstelle „und du warst so ein süßes Kind" wird sich schon so mancher Erwachsener beim Anblick von zerrissener Kleidung, gefärbten Haaren, Piercings, Tätowierungen oder unangepasstem Verhalten gedacht haben. Die Übergangsphase vom Kind zum Erwachsenen wird in der Fachsprache gerne als Adoleszenz bezeichnet. Hier findet ein wichtiger Umbruch im Leben statt, der nicht alleine das Kind, sondern vielmehr die ganze Familie betrifft. Deshalb spricht man auch von der Sturm-und-Drang-Phase im Leben (Silbereisen und Weichold 2012).

---

? 

Bedeutet die Pubertät den unvermeidlichen Bruch zwischen Eltern und ihren Kindern? Ist sie damit zugleich der Endpunkt unseres Einflusses auf die Entwicklung unseres Kindes?

---

Eine Antwort darauf bietet das Lehrbuch von Siegler et al. (2011) zur Entwicklungspsychologie. Betrachtet man die Forschung zur Eltern-Kind-Beziehung während der Adoleszenz, so zeigt sich ganz klar, dass wirkliche Brüche zwischen Eltern und ihren Kindern eher die Ausnahme sind. Zwar gibt es eine durchaus deutliche Zunahme an leichten Auseinandersetzungen: Kinder widersprechen ihren Eltern häufiger, und insbesondere über „weniger relevante" Themen wie Kleidung und Aussehen wird öfter gestritten. Zumeist folgt darauf aber die Bildung von verlässlicheren und gleichberechtigteren Beziehungen. Dennoch gibt es natürlich auch Fälle, in denen die Pubertät zu einer wahren Zerreißprobe werden kann und sich letztendlich keine dauerhaft funktionierende Beziehung zwischen Kind und Eltern entwickelt. In diesen Fällen wird häufiger über „wichtigere" Themen wie die Wahl der Freunde, Drogen und Sexualität gestritten; die betroffenen Kinder haben meist ein schwierigeres und unkontrolliertes Temperament, und häufig handelt es sich in diesen Fällen um Kinder, die früher als Gleichaltrige in die Pubertät eintreten.

Dennoch zeigen verschiedene Längsschnittstudien, dass trotz aller körperlichen und psychischen Veränderungen, die im Jugendalter stattfinden und zu entsprechenden Problemen führen können, das Vertrauen zu den Eltern im Alter zwischen 13 und 21 Jahren im Durchschnitt ansteigt (Silbereisen und Weichold 2012). Auch die Anzahl und Intensität der Konflikte lassen im späteren Verlauf der Adoleszenz wieder nach. Natürlich geht dies auch damit einher, dass Eltern weniger in Entscheidungsprozesse mit einbezogen werden, die das

Aussehen, das Gesundheitsverhalten oder soziale Beziehungen betreffen. Dennoch zeichnet sich nach diesen Befunden – zumindest für die meisten von uns – ein eher positives Gesamtbild für das „Erwachsenwerden" von Kindern in Familien ab.

Natürlich hilft Ihnen das nichts, wenn Sie Ihrer pubertierenden Tochter ganz aktuell den Hals umdrehen könnten, weil sie – wie schon die letzten Tage davor – ganz und gar vergessen hat, sich auf die bevorstehende Schulaufgabe vorzubereiten. Oder wenn Sie gerade kurz davor sind, Ihren Sohn aus dem Haus zu schmeißen, da er sich an keine der Familienregeln hält und Ihnen ständig widerspricht. Da hilft es Ihnen auch nicht zu wissen, dass diese Konflikte wichtige Bestandteile der jugendlichen Entwicklung zu einer eigenen und selbstständigen Persönlichkeit sind. In solchen Momenten bleibt Ihnen als Elternteil meist nichts anderes übrig, als sich in Tagträumen eine bessere Zukunft nach dem Ende der Pubertät auszumalen und herbeizusehnen. Oder Sie nehmen sich ein Fotoalbum heraus und schwelgen in den Zeiten, in denen Ihr Kind ja noch „so süß" war.

## 7.2   Was sagen deine Freunde dazu? – Der Einfluss von Gleichaltrigen gegenüber dem Einfluss von Eltern

Sicherlich haben Sie sich implizite Forderungen wie „Aber Tim hat von seinen Eltern auch so eine Jacke gekauft bekommen!" oder „Susi darf aber bis um 23 Uhr auf der Party bleiben!" schon des Öfteren anhören dürfen.

Solche Aussagen von Jugendlichen sind ein gutes Beispiel für die besondere Rolle, die Peers, also Gleichaltrige, in ihrem Leben spielen (siehe hierzu auch Abschn. 2.4). Peers dienen dabei aber nicht nur als Vergleichsmaßstab. Im Zusammenleben mit Gleichaltrigen entwickeln Kinder und Jugendliche kognitive, soziale und emotionale Fähigkeiten. Besonders wertvoll werden Peers dadurch, dass Jugendliche im Vergleich zu z. B. Erwachsenen vielmehr auf einer Stufe mit ihnen stehen, was gegenseitigen Einfluss, Machtausübung, aber auch Kooperation angeht. Sie befinden sich sozusagen „auf einem Level". Folglich ist es ganz normal, dass sie lieber mehr Zeit mit ihren Freunden als mit der Familie verbringen möchten und sich ihre Zeiteinteilung entsprechend verschiebt (Feiring und Lewis 1998).

> ?
>
> Haben die Eltern keinen Einfluss mehr auf ihre jugendlichen Kinder?

Wenn man diese Frage auf bestimmte Aspekte wie beispielsweise die äußere Erscheinung oder den schulischen Alltag bezieht, dann ist dies durchaus der Fall. Andererseits zeigen Studien auch ganz klar, dass die Eltern in den meisten Fällen die Hauptansprechpartner für wichtige Entscheidungen bleiben. Gerade wenn es um berufliche Zukunftsplanungen oder um Entscheidungen mit weitreichenderen Auswirkungen geht, wenden sich viele Jugendliche auch weiterhin an ihre Eltern als primäre Vertrauenspersonen und Berater. Deshalb ist eher von einer komplementären Beziehung zwischen Kind, Peers und Familie auszugehen (Silbereisen und Weichold 2012). Dennoch lässt sich eine sogenannte Individuation von Jugendlichen nicht leugnen.

**Individuation von Jugendlichen** bezeichnet eine Art Transformationsprozess im Verlauf der Pubertät, in dem sowohl die Verbundenheit mit als auch die Autonomie von den Eltern vom Jugendlichen neu ausgehandelt werden. Hierdurch verändert sich das Verhältnis des Jugendlichen zu seinen Eltern auf eine gleichberechtigtere Ebene. Dieser Prozess stellt auch einen Teil der jugendlichen Entwicklungsaufgaben dar (Feiring und Lewis 1998; Silbereisen und Weichold 2012).

Während der Individuation sind Eltern aber weiterhin eine wichtige Ressource der Entwicklung für die Jugendlichen (Feiring und Lewis 1998). Beispielsweise hängen die fortbestehenden Eltern-Kind-Interaktionen mit der Beziehung des Jugendlichen mit Gleichaltrigen zusammen (ähnlich wie dies auch bei der Bindung der Fall ist; Abschn. 1.2). So berichten Siegler et al. (2011), dass Kinder, die eine strenge, autoritäre Erziehung erfahren oder aber deren Aktivitäten sehr wenig von ihren Eltern beaufsichtigt werden, bei Peers eher unbeliebt sind. Größerer Beliebtheit erfreuen sich hingegen häufig Kinder, deren Mütter mit ihnen über Gefühle sprechen (Kap. 6) und die auf warme und unterstützende Weise erzogen werden, wobei die durchgeführten Erziehungsmaßnahmen auch erklärt und begründet werden. Eltern, die aktiv erziehen und sich häufig mit ihren Kindern beschäftigen, haben ebenfalls beliebtere Kinder, was ebenfalls in den besseren sozialen Kompetenzen dieser Kinder begründet ist.

**?**

Welchen Einfluss haben die Peers gegenüber den Eltern auf Jugendliche?

Auch wenn der elterliche Einfluss wie oben dargestellt keineswegs unbedeutend ist, nehmen die Peers im Laufe der Adoleszenz eine immer wichtigere Rolle ein. Dies kann sowohl positive als auch negative Auswirkungen haben. Einerseits lernen Jugendliche im Kontext Gleichaltriger bestimmte soziale Kompetenzen für den Umgang mit anderen und die Regulation ihrer Emotionen, sie bereiten sich auf spätere feste Partnerschaften vor, und Kinder und Jugendliche mit festen Freundschaften entwickeln sich auch in schulischer Hinsicht besser als Kinder ohne intensive Freundschaften. Andererseits kann der Einfluss der Peers auch negative Auswirkungen haben. So erhöht sich im Kreis der Peers z. B. die Risikobereitschaft Jugendlicher, oft findet hier der erste Konsum von Alkohol, Tabak oder auch illegalen Substanzen statt, und erstes delinquentes, also strafbares Verhalten wird durchaus häufig mit Gleichaltrigen ausgeführt (Silbereisen und Weichold 2012; Abschn. 2.4).

Zur Beruhigung aller Eltern, deren jugendliche Kinder schon einmal mit dem Gesetz in Konflikt gekommen sind, sei aber angemerkt, dass mit dieser Problematik sehr viele Eltern konfrontiert sind. Gegenüber einer kleineren Gruppe von Personen, die schon ab der Kindheit und dann meist bis weit ins Erwachsenenalter hinein kriminelle Handlungen zeigt, handelt es sich bei den meisten Straftaten Jugendlicher aber nur um die sogenannte jugendtypische Delinquenz.

> **Definition** Unter **jugendtypischer Delinquenz** versteht man die weitverbreitete, nur vorübergehende und auf die Adoleszenz begrenzte Form der Antisozialität. Diese wird damit in Verbindung gebracht, dass der Jugendliche versucht, Merkmale des begehrten Status von Erwachsenen wie z. B. Geld, Alkoholkonsum oder Autofahren zu erreichen und zugleich in der Gleichaltrigengruppe das eigene Ansehen und damit den sozialen Status zu erhöhen (Greve und Oerter 2008).

Gleichaltrige haben also einen großen Einfluss auf Jugendliche. Aber was entscheidet, ob es sich um eher positive oder negative Impulse handelt? Suchen sich Jugendliche mit bestimmten Einstellungen Interessensgenossinnen und -genossen oder wird man durch die Gruppen, in denen man sich aufhält, stark geprägt und verändert?

Diese Frage spielt auf die sogenannten „Selektions-" vs. „Sozialisationseffekte" an. Um einen Selektionseffekt handelt es sich, wenn der Jugendliche sich Freunde mit ähnlichen Einstellungen und Verhalten sucht, um einen Sozialisationseffekt, wenn das Verhalten und die Einstellungen des Jugendlichen von seinen Freunden beeinflusst wird. Hierzu ein Beispiel: Eine Selektion läge vor, wenn Jugendliche, die zu Straftaten und Gewalt neigen, sich zu Gruppen (oder sollte man eher von Gangs sprechen?) zusammenschließen. Um eine Sozialisation würde es sich hingegen handeln, wenn ein Jugendlicher dadurch, dass er in eine Gruppe hineingerät, die Straftaten oder Gewalthandlungen begeht, selbst dahingehend beeinflusst wird, dass er solche Taten schließlich

**Abb. 7.1** Selektions-
und Sozialisationsef-
fekte am Beispiel von
Delinquenz

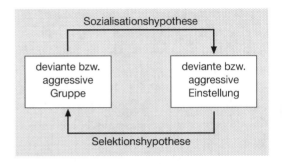

auch ausführt. Die nachfolgende Abbildung zeigt dies noch einmal schematisch (Abb. 7.1).

Die Forschung zeigt, dass zunächst Selektionseffekte überwiegen, wenn es darum geht, wie sich Freunde finden: Gleich und gleich gesellt sich scheinbar gerne, während sich Gegensätze weniger anziehen, als es der Volksmund erwarten lässt (Silbereisen und Weichold 2012). Betrachtet man hingegen Aspekte wie Substanzmissbrauch oder Delinquenz, dann überwiegen nach dem zweiten periodischen Sicherheitsbericht des Bundesministeriums des Inneren und des Bundesministeriums der Justiz (2006) und den Berichten verschiedener Forscher (z. B. Siegler et al. 2011) die Sozialisationseffekte: Jugendliche, die Drogen missbrauchen oder Straftaten begehen, haben sehr häufig Freunde, die dies schon vor ihnen gemacht haben. Insgesamt laufen also Selektion und Sozialisation in einer Art Interaktion ineinander über. Dies gilt natürlich auch für positive Aspekte und nicht nur hinsichtlich Delinquenz.

──────── ? ────────────────────────────────────────────

Was können Eltern tun, deren Kind sich in einer Negativspirale aus Selektions- und Sozialisationseffekten: befindet?

─────────────────────────────────────────────────────────

Am besten ist es natürlich, wenn man eine sichere und gute Bindung zu seinem Kind besitzt und sich auch in schwierigen Zeiten ein Vertrauensverhältnis bewahrt. Dies ist aber in der Realität nicht immer ganz einfach, und selbst die beste Bindung garantiert keineswegs, dass ein Kind nicht in die „falschen Kreise" gerät. Hierbei kann das Konzept der „Positiven Jugendentwicklung" (Silbereisen und Weichold 2012) eine Hilfe sein. Bei diesem Ansatz wird davon ausgegangen, dass ein Jugendlicher sich positiv und erfolgreich entwickelt, wenn bestimmte Fähigkeiten bzw. Indikatoren im Jugendalter ausgebildet werden:

- *Kompetenz:* Herausforderungen im Alltag können adäquat angegangen und gelöst werden.
- *Charakter:* Gefestigte moralische Orientierung, Integrität und Regelbewusstsein sind vorhanden.
- *Selbstbewusstsein:* Vertrauen in die eigenen Fähigkeiten und den Wert als eigenständige Person haben sich ausgebildet.
- *Beziehungen:* Positive Beziehungen zu anderen Menschen und Institutionen werden gepflegt.
- *Sorge um andere:* Man kümmert und sorgt sich um andere Menschen.

Jugendliche, bei denen diese Aspekte zutreffen, entwickeln sich natürlich positiver als Jugendliche, die beispielsweise kaum soziale Beziehungen haben oder die ein nur schwaches Selbstbewusstsein aufweisen. Wichtig für die Ausbildung der genannten Fähigkeiten und Indikatoren sind Entwicklungsressourcen innerhalb der Person und solche, die von außen an sie herangetragen werden. Wenn Jugendliche also beispielsweise frühzeitig sozial-emotionale Kompetenzen vermittelt bekommen und diese verinnerlicht haben (internale Ressource) und gleichzeitig in einer warmherzigen und unterstützenden Umgebung aufwachsen (externale Ressource), übt dies einen positiven Einfluss auf ihre Entwicklung aus.

Genauso werden Kinder, die adäquat gefördert wurden, über größere Kompetenzen verfügen und einen gefestigteren Charakter besitzen, wenn ihre Eltern selbst als moralische Vorbilder dienen und sich z. B. an Regeln halten. Grundsätzlich wirken die verschiedenen Entwicklungsressourcen dabei kumulativ, d. h., je mehr positive Ressourcen vorhanden sind, desto geringer ist die Gefahr von Problemverhalten und Fehlentwicklungen (Silbereisen und Weichold 2012; Abb. 7.2).

In diesem Zusammenhang erwies es sich zudem als Vorteil, wenn Jugendliche tatsächlich auch selbst aktiv werden: sei es, dass sie sich gesellschaftspolitisch einbringen, für Randgruppen einstehen, aktiv in einer Kirchengemeinde oder Religionsgemeinschaft mitwirken oder aber sportliche Gruppenleiter für andere Kinder und Jugendliche sind. Dies trägt – sicherlich auch durch die Verantwortungsübernahme und den Austausch von Meinungen und Perspektiven – dazu bei, dass eher positive Entwicklungsverläufe entstehen (Silbereisen und Weichold 2012). Somit bleibt uns immer die Möglichkeit, möglichst viele positive Entwicklungsressourcen für unsere Kinder bereitzustellen und unsere Kinder darin zu bestärken, sich aktiv in die Gesellschaft einzubringen. Denn es ist auf alle Fälle besser, wenn Ihr jugendliches Kind völlig in seinem gesellschaftlichen Engagement aufgeht (auch auf die Gefahr hin, dass Sie mit dem jeweiligen Lieblingsthema nicht viel anfangen können und es sogar nerven könnte), als dass Ihr Kind während der Freizeit Dummheiten begeht.

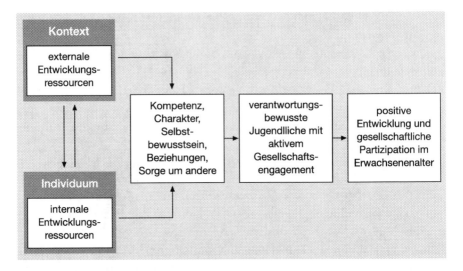

**Abb. 7.2** Entwicklungsressourcen und Indikatoren positiver Jugendentwicklung (nach dem Konzept der „Positiven Jugendentwicklung") (adaptiert nach Silbereisen und Weichold 2012, S. 256)

## 7.3 Gibt es eine familiäre Lernumwelt für Jugendliche? – Modellverhalten und Einstellungen der Eltern

Wenn sich Jugendliche also in vielen Entscheidungen weniger an ihre Eltern wenden und noch dazu der Einfluss der Gleichaltrigen immer weiter zunimmt, scheint die familiäre Lernumwelt wohl keine große Rolle mehr zu spielen. Man kann sich also durchaus die Fragen stellen:

Welchen Einfluss haben Familie bzw. Eltern auf die (schulische) Entwicklung jugendlicher Kinder? Verliert die familiäre Lernumwelt nach der Pubertät ihre Bedeutung?

Hierauf gibt es eine ganz klare Antwort: Solange Kinder und Jugendliche noch in der Familie leben, existiert für sie auch in diesem Kontext ein Lernumfeld. Sogar nach einem früher oder später anstehenden Auszug und der damit scheinbar völligen Unabhängigkeit werden wir in unserer Entwicklung weiterhin von unseren Eltern geprägt. Klar ist aber auch, dass die familiäre Lernumwelt nun auf andere Art und Weise Einfluss ausübt, als dies noch im frühen und mittleren Kindesalter der Fall war. Mehrere Studien haben sich damit auseinandergesetzt, den Einfluss der Familie auf die Entwicklung von Jugendlichen sowie deren schulische Leistungen zu untersuchen:

Ehmke und Siegle (2008) zogen Daten aus der Schulleistungsstudie PISA-I-Plus, einer längsschnittlichen Erweiterungsstudie der bekannten PISA-Studie, heran und überprüften, inwieweit mathematische Leistungen von Neuntklässlern mit der familiären Lernumwelt und den mathematischen Kompetenzen ihrer Eltern zusammenhängen (Abschn. 5.4). Außerdem beobachteten sie die untersuchten Eltern-Schüler-Paare ein weiteres Schuljahr bis in die 10. Klasse.

Es zeigte sich, dass die mathematische Kompetenz der Jugendlichen nicht nur durch die mathematischen Kompetenzen der Eltern vorhergesagt werden konnte. Darüber hinaus waren auch häufigere kulturelle Aktivitäten (z. B. Museums- oder Theaterbesuche) und eine Wertschätzung von Mathematik durch die Eltern von Vorteil. Negativ wirkte sich hingegen elterlicher Leistungsdruck in Mathematik aus (Kap. 8). Im Hinblick auf die weitere Leistungsentwicklung von der 9. zur 10. Klasse waren zumindest tendenziell die mathematische Kompetenz der Eltern sowie die von ihnen ausgedrückte Wertschätzung von Mathematik relevant.

Helmke et al. (1991) untersuchten eine Stichprobe von 118 Müttern und deren Kindern aus dem Raum München. Die Kinder waren Hauptschüler, die von Beginn der 5. bis zum Ende der 6. Klasse untersucht wurden. Es zeigte sich, dass immerhin knapp 10 % der Unterschiede in der mathematischen Leistungsentwicklung ausschließlich auf Unterschiede im Elternverhalten zurückzuführen waren, und weitere knapp 45 % zumindest teilweise, d. h. in Kombination mit Kinder- und Klassenmerkmalen, durch unterschiedliches Elternverhalten miterklärt werden konnten. Ein sehr wichtiger Prädiktor der Leistungsentwicklung war dabei die mütterliche Leistungserwartung, bestehend aus dem Anspruchsniveau, der Leistungszuversicht und dem leistungsbezogenen Optimismus. Daneben erwiesen sich eine leichte Überschätzung der tatsächlichen Kompetenz der Kinder sowie eine positive Bewertung von Anstrengung als förderlich. Es erwies sich also nicht nur die Leistungserwartung als relevant, sondern auch ganz allgemein die Einschätzung und Einstellung gegenüber intellektuellen Leistungen und Aktivitäten (Feiring und Lewis 1998). Diese Ergebnisse waren auch gültig, wenn die mathematischen Vorleistungen und die Intelligenz der Kinder kontrolliert wurden. Daneben zeigte sich aber auch, dass es in Bezug zur Hausaufgabenunterstützung sinnvoll ist, wenn Mütter ihre Kinder weniger kontrollieren und auf formale Richtigkeit wertlegen als vielmehr während der Erledigung der Hausaufgabe unterstützend zur Seite stehen (Kap. 8; Niggli et al. 2007).

In einer größeren deutschen Studie konnten Retelsdorf und Möller (2008) zeigen, dass die Lesekompetenz von Fünftklässlern neben weiteren Faktoren von deren Leseaktivitäten, der Lesemotivation und dem Leseselbstkonzept (z. B. „Als wie guten Leser schätze ich mich selbst ein?") abhängt. Diese Aspekte wiederum wurden beeinflusst vom Leseverhalten der Eltern und gemeinsamen sprachlichen Aktivitäten in der Familie (z. B. über Gelesenes sprechen). Somit verhalfen Eltern, die mehr selbst lasen und häufiger darüber mit ihren Kindern sprachen, diesen zu einem größeren Interesse am Lesen und letztlich zu besseren Leseleistungen.

Die Reihe der vorgestellten Studien ließe sich noch weiter fortführen. So zeigten beispielsweise Neuenschwander und Goltz (2008), dass die Deutsch- und Mathematikleistung von Jugendlichen auch mit dem Erziehungsstil der Eltern zusammenhängt. Wenn Sie sich bereits durch die bisherigen Kapitel des Buches durchgekämpft haben, wird es Sie nicht überraschen zu erfahren, dass es besonders positiv ist, wenn Heranwachsende in einem stimulierenden und Autonomie fördernden Umfeld aufwachsen. Damit wirkt auch bei älteren Kindern und Jugendlichen noch eine familiäre Lernumwelt auf deren Entwicklung ein. Anstatt davon abhängig zu sein, dass wir uns weiterhin unmittelbar mit dem Vorlesebuch zu ihnen ans Bett setzen oder täglich Würfelspiele mit ihnen spielen, sind es nun unsere Einstellungen, Wertschätzungen und das Unterstützungsverhalten, die eine größere Rolle spielen und unsere Kinder mitprägen.

Sie sehen – ganz so leicht können wir uns auch bei unseren jugendlichen Kindern nicht aus der Verantwortung stehlen. Nach wie vor beeinflussen wir zumindest teilweise, wohin der Weg unserer Kinder geht und wie diese sich entwickeln. Aber immerhin können wir jetzt alle Fehlentwicklungen leichter dem nicht so optimalen Freundeskreis unserer Tochter oder unseres Sohnes anstatt uns selbst zuschreiben – und das ist ja auch schon etwas!

---

**Fazit**

Auch wenn die Pubertät manchmal als der große Bruch zwischen Eltern und Kind beschrieben wird, stimmt dies nur in den wenigsten Fällen. Trotz der Individuation von Jugendlichen, bei der diese mehr Autonomie von ihren Eltern gewinnen, und trotz häufiger Dispute bleibt das Verhältnis von Eltern und Jugendlichen in den meisten Fällen vertrauensvoll und positiv. Gleichzeitig verbringen Jugendliche aber auch immer mehr Zeit außerhalb der Familie und mit Freunden. Deshalb ist der große Einfluss der Peers auf die Entwicklung Jugendlicher unbestreitbar. Dieser kann sowohl negative als auch positive Auswirkungen haben, wobei es im Einzelfall von Vorteil ist, wenn Jugendliche bestimmte Ressourcen aufweisen. Solche Ressourcen sind beispielsweise Selbstbewusstsein, Charakterstärke und positive Beziehungen zu Mitmenschen, und diese können auch durch Eltern und die Familie verstärkt werden. Obwohl der Einfluss von Eltern und der Familie im Jugendalter abnimmt, werden Jugendliche trotzdem von der familiären Lernumwelt geprägt. Wesentliche Aspekte sind hierbei die elterlichen Einstellungen und Wertschätzungen sowie das Unterstützungsverhalten. In dieser Hinsicht sollten wir darauf achten, was wir in Gegenwart unserer jugendlichen Kinder so von uns geben. Aber das kennen wir ja schon aus dem Alter, als sie damals sprechen gelernt haben.

# Literatur

Bundesministerium des Inneren, Bundesministerium der Justiz (2006). *Zweiter periodischer Sicherheitsbericht* (Kapitel 4.1: Kinder und Jugendliche als Täter und Opfer, S. 354–407). Berlin: Bundesministerium des Inneren.

Ehmke, T. & Siegle, T. (2008). Einfluss elterlicher Mathematikkompetenz und familialer Prozesse auf den Kompetenzerwerb von Kindern in Mathematik. *Psychologie in Erziehung und Unterricht*, *55*, 253–264.

Feiring, C. & Lewis, M. (1998). Divergent family views and school competence in early adolescence. In M. Lewis & C. Feiring (Eds.), *Families, risk, and competence*, (S. 53–70). Mahwah, NJ: Erlbaum.

Greve, W. & Oerter, L. (2008). Delinquenz und antisoziales Verhalten im Jugendalter. In L. Oerter & R. Montada (Hrsg.), *Entwicklungspsychologie* (6. Aufl., Kap. 28). Weinheim: Beltz.

Helmke, A., Schrader, F.-W. & Lehneis-Klepper (1991). Zur Rolle des Elternverhaltens für die Schulleistungsentwicklung ihrer Kinder. *Zeitschrift für Entwicklungspsychologie und Pädagogische Psychologie*, *23*(1), 1–22.

Neuenschwander, M. P. & Goltz, S. (2008). Familiäre Bedingungen von Schülerleistungen: ein typologischer Ansatz. *Psychologie in Erziehung und Unterricht*, *55*, 265–275.

Niggli, A., Trautwein, U., Schnyder, I., Lüdtke, O. & Neumann, M. (2007). Elterliche Unterstützung kann hilfreich sein, aber Einmischung schadet: Familiärer Hintergrund, elterliches Hausaufgabenengagement und Leistungsentwicklung. *Psychologie in Erziehung und Unterricht*, *54*, 1–14.

Retelsdorf, J. & Möller, J. (2008). Familiäre Bedingungen und individuelle Prädiktoren der Lesekompetenz von Schülerinnen und Schülern. *Psychologie in Erziehung und Unterricht*, *55*, 227–237.

Siegler, R., DeLoache, J., & Eisenberg, N. (2011). *How children develop (3rd ed.)*. New York, NY: Worth Publishers.

Silbereisen, R. K. & Weichold, K. (2012). Jugend (12–19 Jahre). In W. Schneider & U. Lindenberger (Hrsg.), *Entwicklungspsychologie* (7., vollst. überarb. Aufl., S. 235–258). Weinheim: Beltz.

# 8

# Warum macht mein Kind nicht das, was ich möchte?

## Inhalt

F. Niklas, *Mit Würfelspiel und Vorlesebuch*, DOI 10.1007/978-3-642-54759-1_8,
© Springer-Verlag Berlin Heidelberg 2014

## 8.1    Warum klappt das alles nicht? – Hürden auf dem Weg zur optimalen Lernumwelt

Eigentlich scheint alles den bisherigen Ausführungen nach recht einfach zu sein. Aber vielleicht haben Sie das Gefühl, dass Sie Himmel und Erde in Bewegung setzen, alles Mögliche versuchen, und trotzdem keine Fortschritte sehen? Oder es kommt sogar noch schlimmer: Je mehr Sie sich anstrengen, desto weniger macht Ihr Kind, das was es soll und es finden eher Rückschritte statt? Leider kann es genau dazu kommen. Der Aufbau einer förderlichen familiären Lernumwelt hängt zwar mehr oder minder in Ihrer Hand, aber ob auch ein Nutzen daraus gezogen wird, steht auf einem ganz anderen Blatt.

Während Kap. 9 ganz allgemeine Grenzen der familiären Lernumwelt an sich und im Vergleich zu anderen, die kindliche Entwicklung beeinflussende Faktoren angesprochen werden, widmet sich dieses Kapitel drei grundlegenden Hindernissen, die einer positiven Entwicklung im Wege stehen können. Hierbei handelt es sich um Probleme, die sich zumeist aus einer nicht optimal gelungenen Interaktion zwischen Eltern und Kind ergeben. In Abb. 8.1 werden sie als Hürden dargestellt, wobei die genannten Probleme (fehlende Motivation, mangelnde Selbstbestimmung und Überforderung) sowohl jeweils einzeln als auch in Kombination (also als ganzer Hürdenlauf) auftreten können. Ihr Kind könnte dabei genauso ratlos wie das Kind in der Abbildung vor den Hürden stehen und nicht so recht wissen, wie es ans Ziel gelangen soll.

Unschön daran ist, dass jede einzelne Hürde an sich schon ausreichen kann, dass das Ziel und damit positive Entwicklungseffekte nicht mehr erreicht werden. Dieser Umstand wird auch dadurch nicht besser, dass sich fehlende Motivation, mangelnde Selbstbestimmung und Überforderung häufig gegenseitig bedingen. So führt beispielsweise eine Überforderung oder geringe Selbstbestimmung des Kindes häufig auch zu fehlender Motivation. Wie die beiden folgenden Abschnitte zeigen, hängen insbesondere Motivation und Selbstbestimmung sehr eng zusammen (Ryan und Deci 2000).

---

Ist fehlende Motivation nicht grundsätzlich ein Problem meines Kindes, an dem ich nichts ändern kann? Ist mangelnde Selbstbestimmung nicht durch unser Gesellschafts- und Schulsystem bedingt, das gewisse Forderungen wie z. B. Schulpflicht oder Benotung an Kinder und Jugendliche stellt?

---

Natürlich könnte man sich hinter solch einer Argumentation verstecken. Aber wie im Folgenden gezeigt wird, liegt es durchaus in unserer Hand, Einfluss auf die Motivation, die gefühlte Autonomie und erst recht auf Über-

**Abb. 8.1** Hürden auf dem Weg zum bestmöglichen Nutzen einer förderlichen Lern-umwelt

forderungen unserer Kinder zu nehmen. In vielen Fällen handelt es sich um ähnliche Dinge, auf die man achten muss, um eine Verbesserung der Situation zu erreichen. Dies liegt an der engen Verknüpfung der einzelnen Bereiche miteinander. Auch auf die Gefahr hin, dass ich mich wiederholen sollte: Wieder einmal sind wir als Eltern gefragt und können bzw. sollten aktiv werden!

## 8.2 Du hast keinen Bock? – Ohne Motivation läuft nichts

Waren Sie schon einmal in einem Auto ohne Motor unterwegs? Nein, das ist keine Scherzfrage und ich spiele auch nicht auf eine Pferdekutsche an, denn in einem solchen Fall fungieren ja sozusagen die Pferde als Motor. Jedenfalls gehe ich davon aus, dass Sie – sollten Sie jemals in einem nicht motorisierten Wagen gesessen sein – damit nicht sehr weit gekommen sein dürften. Was soll diese scheinbar sinnlose Frage?

Die Motivation eines Menschen gerne mit dem Motor eines Autos verglichen wird. Ohne Motor funktioniert kein Auto, und ohne Motivation funktioniert der Mensch nicht richtig. Nicht umsonst bedeutet motiviert sein „to be moved to do something" (Ryan und Deci 2000, S. 54), das heißt also dazu bewegt werden, etwas zu tun. Sinnvoll ist hierbei die Unterscheidung in

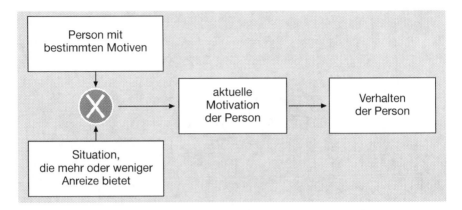

**Abb. 8.2**   Grundmodell der Motivationspsychologie (Adaptiert nach Rheinberg 2006, S. 70)

„Motiv" und „Motivation" (z. B. Rheinberg 2006; Rheinberg und Vollmeyer 2008):

> **Motiv**   ist eine relativ zeitstabile Bevorzugung bestimmter Klassen von Anreizen wie z. B. „besonders gut zu sein" (Leistungsmotiv) und „Vertrauen zu erzeugen" (Anschlussmotiv). Die einzelnen Motive sind von Person zu Person unterschiedlich stark ausgeprägt.

> **Motivation**   ist die aktivierende Ausrichtung des aktuellen Handelns auf einen positiv bewerteten Zielzustand.

Während Motive also relativ stabil sind, ändert sich die Motivation häufig und ist stark abhängig von der aktuellen Situation. Verdeutlicht wird diese Unterscheidung in Abb. 8.2.

Die gute Nachricht dieses Zusammenhangs ist, dass die aktuelle Motivation also durchaus von außen beeinflussbar ist, die weniger gute ist die Tatsache, dass grundlegende Motive eines Menschen schwer veränderlich sind. Wenn ein Kind also grundsätzlich wenig Interesse daran hat, Leistung zu erbringen und eventuell Leistungssituationen möglichst ausweicht, wird es auch schwerer werden, dieses Kind in einer konkreten Situation (z. B. bei einer anstehenden Schularbeit) zu motivieren, als dies bei einem Kind mit stärker positiv ausgeprägtem Leistungsmotiv der Fall ist.

Um die Thematik noch komplizierter zu machen, muss zudem zwischen zwei grundsätzlichen Arten der Motivation unterschieden werden. Diese Unterscheidung lässt sich leicht an einem Beispiel verdeutlichen: Richard (wie immer dürfen Sie die Namen beliebig ersetzen) fand Biologie schon immer spannend. Als in der Schule die Photosynthese durchgenommen wird, ist er mit Feuereifer dabei, recherchiert selbstständig im Internet zum Thema und experimentiert sogar daheim. Edward findet Biologie mäßig interessant. Da ihm aber seine Mutter versprochen hat, bei einer guten Note in der nächsten Biologieprobe ein Extrataschengeld fürs Volksfest zu spendieren, setzt er sich motiviert daran, sich mit dem Sachverhalt der Photosynthese auseinanderzusetzen.

Der Unterschied sollte klar geworden sein. Während in ersterem Fall die sogenannte „intrinsische Motivation" vorliegt, handelt es sich bei letzterem Fall um „extrinsische Motivation". Intrinsisch Motivierte beschäftigen sich mit einer Sache um der Sache willen, also weil diese als interessant, erfreulich oder erfüllend wahrgenommen wird. Extrinsisch Motivierte hingegen setzen sich nur deshalb an eine Aufgabe, weil man sich davon irgendeinen Vorteil (z. B. Belohnung, gute Noten, kein schlechtes Gewissen) verspricht. Richard Ryan und Edward Deci (z. B. 2000) haben sich intensiv mit dieser Thematik im Rahmen ihrer Selbstbestimmungstheorie auseinandergesetzt (Abschn. 8.3).

---

? 

Führt extrinsische oder intrinsische Motivation zu besseren Ergebnissen? Stehen sie in Widerspruch zueinander, oder können sie sich auch ergänzen?

---

Zunächst ist es nicht ganz so einfach, wie man sich das vielleicht denkt. Obwohl man vermuten könnte, dass in dem Beispiel Richard viel besser in der Biologieprobe abschneiden wird als Edward, hängt das eigentliche Abschneiden in einem Test von vielen Faktoren ab. So könnte Edward z. B. viel zielgerichteter auf die Fragen in der Probe lernen, während Richard durch zusätzlich erworbenes, aber nicht abgefragtes Wissen die Lehrerfragen letztlich weniger gut beantwortet. Auch spielen hierbei andere Charakteristika der beiden wie beispielsweise Intelligenz, Gedächtnis oder Konzentrationsfähigkeit eine große Rolle.

Unabhängig von dieser hypothetischen Testsituation hat die Forschung aber sehr klar gezeigt, dass intrinsische Motivation zu hochwertigem, langfristigen Lernen und Kreativität führt und damit eine wichtige Rolle im kindlichen Lernen spielt (Ryan und Deci 2000). Beide Formen der Motivation können natürlich nebeneinander bestehen. So könnte auch Richard von seinen Eltern zusätzlich für das erfolgreiche Lernen belohnt werden. Allerdings hat sich gezeigt, dass Belohnungen in Bezug auf intrinsische Motivation sogar einen kontraproduktiven Effekt haben und intrinsische Motivation untergraben können (Abschn. 8.3).

Diese Frage haben sich auch Lund et al. (2001) gestellt. In einer Studie mit Drittklässlern und ihren Eltern lernten die Eltern der Interventionsgruppe in sechs Abendsitzungen motivationsförderliches Erziehungsverhalten kennen. Ein Schwerpunkt lag dabei darauf, dass sie ihren Kindern zunächst eine realistische Zielsetzung vermitteln sollten. Nur erreichbare, aber zugleich herausfordernde Ziele können optimal motivieren. Sowohl zu schwere als auch zu leichte Ziele sind hingegen hinderlich. Den Kindern sollte bei der Zielsetzung auch, soweit möglich, eine gewisse Wahlfreiheit im Sinne einer Selbstverantwortlichkeit gelassen werden. So sollte z. B. darauf geachtet werden, dass Kinder sich selbst einbringen, was die Reihenfolge bei Erledigung von Aufgaben oder die Gewichtung einzelner Ziele angeht. Ein weiterer Schwerpunkt lag auf der Ursachenzuschreibung von Erfolg und Misserfolg. Erfolge sollten dem Bemühen und der Tüchtigkeit der Kinder zugeschrieben werden, während bei Misserfolgen nach kontrollierbaren Faktoren gesucht werden sollte. Solche Faktoren können z. B. unzureichende Anstrengung, falsches Vorgehen oder falsche Zielsetzung sein. Letztlich sollte den Kindern beigebracht werden, bei der Leistungsbewertung in erster Linie auf ihre früheren Leistungen Bezug zu nehmen (individuelle Bezugsnorm). Solch eine Strategie verdeutlicht viel besser auch kleinere Leistungsfortschritte als der Vergleich mit anderen Kindern und schafft dadurch schnell Erfolgserlebnisse.

Tatsächlich war diese Intervention erfolgreich. Das motivationsförderliche Erziehungsverhalten stieg bei den Eltern der Interventionsgruppe gegenüber den Eltern der Kontrollgruppe signifikant an. Darüber hinaus war aber auch ein Effekt auf die beteiligten Kinder festzustellen. Bei Kindern der trainierten Eltern verringerte sich langfristig die Furcht vor Misserfolgen, und die Selbsteinschätzung der Kinder wurde realistischer, was auch zu weniger tatsächlichen Misserfolgen führen sollte.

Diese Studie ist nur ein Beispiel für erfolgreiche Motivationsförderung. Es wurde bereits mehrfach erfolgreich die Motivation von z. B. Managern und Schülern durch Forscher, Lehrer oder Eltern gefördert (Rheinberg und Fries 2001; Rheinberg und Vollmeyer 2008). Neben den in der beschriebenen Studie genannten Aspekten Zielsetzung, Ursachenerklärung und Selbstbewertung erwiesen sich auch die Vermittlung einer grundsätzlich optimistischen Sicht in Leistungssituation sowie unterstützend-empathische Verhaltensweisen als motivationsförderlich.

Ein Buch zur Problematik fehlender Motivation inklusive einer Auflistung von Motivationsförderungsbausteinen stammt von Keller (2011). Er geht dabei auf grundlegende Aspekte ein, die Eltern beachten sollten. Hierzu gehört unter anderem, Geduld mit seinen Kindern zu haben, konstruktive Kritik zu üben, häufig genug Lob und Anerkennung zu zeigen, Neugier zu wecken und reichhaltige Tätigkeitsangebote zu machen, um die Neugier zu wecken. Auch sollte beispielsweise Kritik am Kind selbst eher vermieden werden, während ein unpassendes Lernverhalten durchaus zur Sprache kommen darf. Weiterhin ist es Keller zufolge sinnvoll, Kindern das Lernen zu lehren, ihnen also z. B. Lern- und Merkstrategien beizubringen oder bei der Arbeitsplatzgestaltung und dem Zeitmanagement zu helfen. Gleichzeitig darf aber nicht übersehen werden, dass konsequent Grenzen zu ziehen sind (z. B. Spielen erst nach Erledigung der Hausaufgaben) und eine gewisse Selbständigkeit der Kinder einzufordern ist.

Natürlich sind nicht nur die Eltern im Hinblick auf Motivation gefragt, und Ursachen für Motivationsstörungen im Kontext Schule liegen häufig auch außerhalb der Familie. So können gestörte Interaktionen zwischen Lehrern und Schülern sowie zwischen Schülern untereinander die Motivation genauso mindern wie gesellschaftlich bedingte schlechte Zukunftsaussichten oder eine Überforderung in der Schule (Abschn. 8.4).

Übrigens bewahrheitet sich beim Thema Motivation ein gängiges Stereotyp: Es sind tatsächlich eher Jungen, die mit der Lernmotivation zu kämpfen haben, als die Mädchen. Außerdem ist die Motivation bei jüngeren Kindern noch relativ hoch, nimmt aber im Laufe der Schulzeit immer weiter ab. Auf was dies für unser Schulsystem schließen lässt, überlasse ich Ihnen. Abschließend darf aber nicht unerwähnt bleiben, dass mangelnde Motivation von Kindern und Jugendlichen kein Problem der Neuzeit ist. Sie glauben mir nicht so recht? Dann schauen Sie doch einfach mal bei den Schriften des Sokrates, in der *Carmina Burana* oder bei den entsprechenden Hieroglyphen der Ägypter nach.

## 8.3 Machst du jetzt, was *ich* sage? – Die Bedeutung von Selbstbestimmung und Autonomie

Betrachten Sie folgende völlig fiktive Situation: Claudia, Julia und Maija (oder suchen Sie sich andere Namen für die drei Kinder aus) bringen ein eher unerwartet schlechtes Zeugnis mit nach Hause. Alle drei Eltern sind enttäuscht und machen sich Sorgen über das weitere schulische Fortschreiten ihrer Töchter. Die Eltern von Claudia haben eine Idee. Nachdem sich Vater und Mutter abgesprochen haben, gehen sie zu ihrer Tochter und sagen: „Für jede 1, die du im nächsten Zeugnis hast, bekommst du 10 Euro, und für jede 2 gibt es 5 Euro." Die Eltern von Julia beschließen, ihrer Tochter zu verdeutlichen, wie enttäuscht sie von ihr sind und dass sie sich sehr große Sorgen über ihre Zukunft machen. Dies sagen sie ihr auch so. In den nächsten Tagen sind sie betont kühl ihrer Tochter gegenüber und lassen sie spüren, dass sie in Zukunft Besserung erwarten. Die Eltern von Maija beschließen, den Ursachen für das unerwartete Abschneiden ihrer Tochter auf den Grund zu gehen, und reden mit ihr darüber. Sie fragen, warum es aus Maijas Sicht zum schlechten Zeugnis kam, und erklären ihr ohne Vorwürfe, warum sie sich deswegen Sorgen machen. Gemeinsam mit ihrer Tochter überlegen sie, wie sich die Noten in Zukunft verbessern ließen. Dabei machen sie ihrer Tochter Vorschläge wie z. B. die Inanspruchnahme von Nachhilfe, sind aber auch offen für Maijas Ideen und Einwürfe. Vielleicht sehen Sie ja Gemeinsamkeiten in den Reaktionen der Eltern von Claudia, Julia und Maija? Eventuell würden Sie sich auch ähnlich wie eines der Elternpaare verhalten? Im Folgenden werden die verschiedenen gewählten Ansätze etwas genauer besprochen.

---

**?**

Welcher dieser Ansätze erscheint Ihnen geeignet, um die Schulnoten der Kinder zu verbessern? Welchen Ansatz empfinden Sie als besonders positiv oder negativ?

---

Wahrscheinlich werden die meisten darin übereinstimmen, dass der Ansatz von Julias Eltern nicht nur wenig Erfolg versprechend ist, sondern auch mit anderen negativen Entwicklungen einhergehen könnte (wie z. B. der Entwicklung von Ängsten bei Julia oder einer Entfremdung von den Eltern). Dennoch passiert es immer wieder, dass sich Eltern nicht anders zu helfen wissen. Solches feindselige Verhalten und die Drohung von Liebesentzug sind eine Art von kontrollierendem Verhalten, mittels dessen Druck aufgebaut wird. Eine Reaktion dieser Art macht jedoch die Entwicklung intrinsischer Motivation fast unmöglich (Abschn. 8.2).

Wenden wir uns dem Ansatz zu, den Claudias Eltern wählen. Erscheint es nicht als sehr sinnvoll, Belohnungen zu versprechen, um die eigenen Kinder zu besseren Leistungen anzuspornen? Einerseits ist diese Frage teilweise zu bejahen. In vielen Förderschulen werden sogenannte Token-Systeme eingesetzt, die auf einem Belohnungssystem basieren. Hierbei erhalten Schülerinnen und Schüler, die sich an vereinbarte Regeln halten, Punkte, Stempel oder Smileys oder bekommen diese abgenommen, wenn sie Fehlverhalten zeigen. Für eine vorher festgelegte Menge an solchen unmittelbaren Verstärkern können dann richtige Belohnungen eingetauscht werden, wie z. B. Hausaufgabenbefreiung oder die Wahl der Aktivität in der nächsten Freistunde. Dieses System führt, wenn es konsequent und unmittelbar auf das Verhalten der Kinder bezogen eingesetzt wird, zu Struktur im Unterricht und hilft den Kindern, ihr Verhalten besser einschätzen und regulieren zu können. So weit klingt dies nach einer guten Sache.

Andererseits führt aber jede Form von Belohnung dazu, dass intrinsische Motivation unterminiert wird (Ryan und Deci 2000; Abschn. 8.2). Kinder verändern also ihr Verhalten letztlich nur um der Belohnung willen, aber nicht, weil sie wirklich belohnungsunabhängige Vorteile wahrnehmen oder sich von sich selbst aus so verhalten wollen. Dies führt dazu, dass sie bei einem Wegfall der Belohnung meist gleich wieder in alte Verhaltensweisen verfallen. Dies trifft im Übrigen nicht nur auf Belohnungen, sondern genauso auf Drohungen, Befehle, Anweisungen und Leistungsdruck zu. Deshalb muss beim Einsatz von Belohnungen immer darauf geachtet werden, dass Kinder Mitspracherecht haben und die Bedingungen gemeinsam ausgehandelt werden. Weiterhin sollten die Belohnungen nach und nach „ausgeschlichen", also immer seltener gegeben werden, bis im Optimalfall ein Kind gar keine Belohnung mehr benötigt und das gewünschte Verhalten trotzdem an den Tag legt.

Im Zusammenhang mit dem Ansatz von Maijas Eltern ist das sehr lesenswerte Buch von Grolnick (2003) zu erwähnen. Sie beschreibt darin ähnliche Situationen wie die eingangs beschriebene und geht aus ihrer Sicht als Forscherin und Mutter zweier Töchter auf den Aspekt „elterliche Kontrolle" ein. Ihrer Ansicht nach sollten Eltern zwar einerseits durchaus „in Kontrolle" sein, was das Aufwachsen ihrer Kinder oder das Familienleben angeht. Andererseits sollte aber ein „Kontrollverhalten" den eigenen Kindern gegenüber unbedingt vermieden werden, da dieses einschnürt und ihnen die Autonomie nimmt. Damit vertritt sie also ganz klar den Ansatz, den Maijas Eltern in obigem Beispiel verfolgen. Natürlich garantiert ein solches Vorgehen, das die Selbstbestimmung oder auch Autonomie des Kindes betont, keineswegs, dass sich alles zum Guten wenden wird. Dennoch zeigt auch die Forschung klare Belege für hinderliche Einflüsse durch elterliche Kontrolle sowie förderliche Einflüsse von Selbstbestimmung.

Niggli et al. (2007) untersuchten bei über 1400 Schweizer Schülerinnen und Schülern der 8. Klasse den Zusammenhang von elterlicher Bildung, elterlicher Einmischung und Kontrolle bei Hausaufgaben und schulischen Leistungen von Kindern. Hierzu verwendeten sie sowohl Fragebögen als auch Leistungstests zu Schuljahresanfang und -ende.

Es fanden sich nur geringe Unterschiede bei der elterlichen Einmischung bei der Erledigung der Hausaufgaben abhängig vom Bildungsstand. Dennoch war ein ausgeprägteres Kontrollverhalten bei Eltern mit niedriger eigener Bildung zu beobachten. Deutlicher waren die Befunde, die das Leistungsniveau und die Bildungsgänge der Kinder berücksichtigten. Schülerinnen und Schüler aus leistungsschwächeren Bildungsgängen sowie mit schwächeren Halbjahresnoten berichteten von deutlich mehr elterlicher Einmischung, Kontrolle sowie auch Streit über die Hausaufgaben. Dieser Zusammenhang wurde auch längsschnittlich belegt. So gingen schlechtere Schulleistungen mit zunehmender Einmischung einher, die jedoch ihrerseits nicht mit einer Verbesserung der Testleistung, sondern mit einer weiteren Verschlechterung assoziiert war. Besonders ausgeprägt war die Kontrolle bei Jungen gegenüber Mädchen.

In einer weiteren Schweizer Studie von Villiger et al. (2012) wurden über 700 Viertklässler im Hinblick auf ihre Lesemotivation und Lesekompetenz untersucht. Dabei erhielt ein Teil der beteiligten Eltern eine Intervention, die auf der Selbstbestimmungstheorie von Ryan und Deci (z. B. 2000; Abb. 8.3) basiert. Dementsprechend wurden die Eltern darin trainiert, ihren Kindern in Lesesituationen möglichst große Autonomie zuzugestehen, kein Kontrollverhalten zu zeigen, ein Gefühl von Kompetenz durch die selbstständige Erledigung der Lesehausaufgaben bei den Kindern auszulösen und durch die Rücksprachen zwischen Eltern und Kind über den Text ein Gefühl der sozialen Eingebundenheit zu wecken. Tatsächlich zeigte sich, dass die Lesefreude und das Leseinteresse der Kinder durch die Intervention auch längerfristig signifikant gesteigert werden konnten.

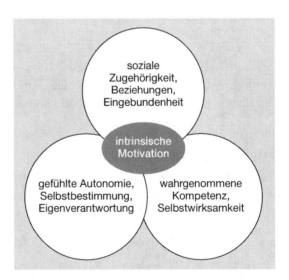

**Abb. 8.3** Wichtige Komponenten der Selbstbestimmungstheorie (Adaptiert nach Ryan und Deci 2000)

Die drei wesentlichen Komponenten der Selbstbestimmungstheorie erwiesen sich bereits in verschiedenen Studien als direkt verknüpft mit der intrinsischen Motivation. Es ist also für die Ausbildung von (Lern-)Motivation wichtig, sich sozial eingebunden zu fühlen, das Gefühl zu haben, selbstgesteuert handeln zu können, und dabei auch festzustellen, dass man mit dem eigenen Handeln wirklich etwas bewirken kann. Wenn all dies vorliegt und insbesondere keine Kontrolle von außen ausgeübt wird, steht motiviertem Handeln nichts mehr entgegen. Natürlich klingt das wieder einfacher, als es sich im Alltag dann auch darstellt. Oft werden Kinder und Jugendliche mit Aufgaben konfrontiert, mit denen sie gar nichts anfangen können.

?

Was kann man tun, wenn sich eine intrinsische Motivation nicht wecken lässt?

In diesem Fall führt kein Weg an extrinsischer Motivation und damit an irgendeiner Form von äußerer Beeinflussung vorbei. Doch extrinsische Motivation selbst liegt auf einem Kontinuum von völliger Fremdkontrolle bis hin zu einer zumindest teilweise vorhandenen Selbstbestimmung (Ryan und Deci 2000). Fremdkontrolle wird dabei nicht nur kaum die Motivation eines Kindes fördern, sondern auch eher mit schlechteren Ergebnissen einhergehen. Wenn Kindern aber klargemacht werden kann, warum es sich lohnt, sich anzustrengen und sich mit einer (Haus-)Aufgabe auseinanderzusetzen, wenn sie zumindest die Wahl haben, in welcher Reihenfolge sie etwas bearbeiten sollen, und wenn ihnen bei der Aufgabenbearbeitung zudem verdeutlicht wird, dass sie es gut machen und etwas gelernt haben, ist schon viel gewonnen. Und lassen Sie sich nicht von ersten Rückschlägen entmutigen: Auch das Dasein als Motivationstrainer will gelernt sein!

## 8.4 War das zu viel des Guten? – Überforderung tut niemandem in der Familie gut

Sicherlich können Sie sich noch gut daran erinnern, dass Sie vor Prüfungen, sei es die Führerscheinprüfung, eine schulische Abschlussprüfung oder ein beruflicher Einstellungstest aufgeregt waren und sich nichts sehnlicher gewünscht haben, als es bald überstanden zu haben. Weniger deutlich werden Sie sich vielleicht an Ihr genaues Befinden und das exakte Gefühl der Aufgeregtheit erinnern können.

Jedenfalls werden die wenigsten vor einer wichtigen Prüfung völlig gelassen sein. Die Angst vor solchen Situationen ist eine universelle Erfahrung angesichts der schwierigen bevorstehenden Anforderungen. Eine gewisse körperliche Aufgeregtheit vor Prüfungen kann dabei durchaus leistungsfördernd sein, während große Besorgnis mit den einhergehenden Grübeleien eher hinderlich ist (Schwarzer 2000). Allerdings – und damit sind wir beim entscheidenden Punkt angelangt – hängt viel davon ab, inwieweit man vorbereitet ist, d. h. ob man überhaupt die nötigen Fertigkeiten aufweist, um die Aufgabe erfolgreich zu bewältigen, und ob man sich auch genügend darauf vorbereitet hat.

Wahrscheinlich werden auch Sie schon einmal in eine Situation geraten sein, der Sie sich nicht gewachsen gefühlt haben und die dann in einem Misserfolg mündete.

**Wie fühlt sich ein Kind, das ständig einer Überforderungssituation ausgesetzt ist?**

Tatsächlich sind eine häufige Überförderung und Überbeanspruchung der kognitiven Fähigkeiten bzw. der Begabung, des sprachlichen Ausdrucksvermögens und der Aufmerksamkeitsspanne ein wesentlicher Faktor in der Entstehung von Leistungsängstlichkeit (Rost und Schermer 2010). Wenn ein Kind z. B. von seinen Eltern auf einer Schule eingeschult wird, deren Leistungsniveau die eigentliche Leistungsfähigkeit des Kindes übersteigt, sind größere Probleme vorprogrammiert. Die fortwährenden Misserfolge können nicht nur zu Angst führen, sondern werden auch am Selbstbewusstsein des Kindes kratzen, dessen Motivation mindern und unter Umständen langfristig in psychischen Problemen, familiärem Stress und Schulverweigerung münden.

Knollmann et al. (2010) haben sich aus medizinischer Sicht dem Problem der Schulverweigerung genähert und festgestellt, dass dieses meist aus einer Kombination verschiedener Stressfaktoren resultiert. Auch sie identifizierten dabei die Überforderung der Schülerin bzw. des Schülers als einen zentralen Faktor (Abb. 8.4). Überforderungen mit der Situation entstehen aber nicht nur, wenn eine mangelnde Passung der individuellen (kognitiven) Fähigkeiten mit den Anforderungen der Schulform vorliegt. Genauso können Leistungsdruck, überzogene Leistungserwartungen, aber auch Konflikte zwischen Schülern oder innerhalb der Familie Gründe für eine Überforderung sein.

Aus Abb. 8.4 wird ersichtlich, dass Überforderung am Anfang einer Entwicklung steht, die letztlich den gesamten weiteren Lebensweg eines Kindes negativ prägen kann.

**Wie können Eltern einer Überforderungssituation vorbeugen?**

Nach Rost und Schermer (2010) gilt es zunächst, die schulische Situation der Kinder regelmäßig zu besprechen und dabei das Kind nicht abzuwerten, sondern zu unterstützen (vgl. auch die Motivationsförderungsbausteine nach Keller 2011; Abschn. 8.2). Wichtig ist es auch, sich vor Augen zu halten, dass Kinder nicht dafür auf der Welt sind, um die Träume ihrer Eltern zu erfüllen. Dementsprechend sollten Schullaufbahnen vermieden werden, die aufgrund einer deutlichen Überforderung der intellektuellen Fähigkeiten des Kindes zu massivem Leistungsdruck führen werden. Dies heißt aber nicht, dass an ein

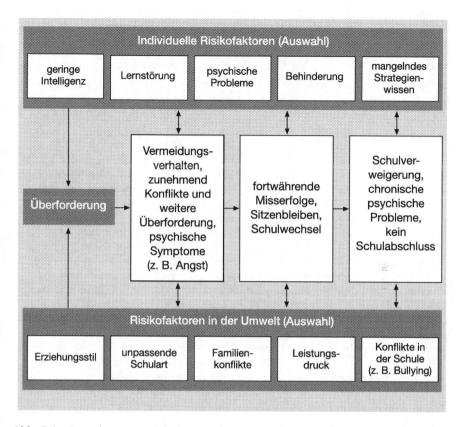

**Abb. 8.4** Entstehung von Schulvermeidungsverhalten (Nach Knollmann et al. 2010, S. 47)

Kind keine Leistungsanforderungen gestellt werden sollten, sondern nur dass auf die Passung zwischen Entwicklungsstand und Ressourcen der Schülerin und des Schülers auf der einen Seite und den schulischen Anforderungen auf der anderen Seite geachtet werden sollte. Letztlich sollte es unbedingt vermieden werden, Liebe und Zuwendung an Leistungserfüllungen zu koppeln (Abschn. 8.3).

Auch wenn es Ihnen schwerfällt, sich mit dem Gedanken an eine niedrigere Schullaufbahn anzufreunden, da Sie sich für Ihr Kind nur das Beste und damit auch die gymnasiale Schullaufbahn wünschen, ist es sinnvoller, im Zweifelsfall lieber Ihr Kind vor überzogenen Anforderungen zu schonen. Die Möglichkeit, etwas langsamer über den zweiten Bildungsweg oder über den späteren Wechsel von Hauptschule bzw. Realschule auf das Gymnasium, doch noch zu einem Universitätsabschluss zu kommen, steht ja trotzdem offen. Auch meine Frau als Sonderschullehrerin besuchte zunächst in der 5. Klasse die Hauptschule, bevor sie an die 5. Klasse ins Gymnasium wechselte und letztlich einen hervorragenden Universitätsabschluss hinlegte. Für solch erfolgreiche Karrieren gibt es genügend Beispiele – leider auch für überforderte Kinder und ihre es eigentlich gut meinenden Familien, die infolgedessen im Dauerstress und weniger glücklich und erfolgreich leben. Sie haben gemeinsam mit Ihren Kindern die Wahl!

---

**Fazit**

Fast alle Eltern wünschen sich für ihre Kinder nur das Beste und investieren jede Menge Zeit, Energie und Geld dafür, dass diese eine erfolgreiche Schullaufbahn absolvieren. Doch selbst wenn Eltern ihr Möglichstes tun und eine sehr förderliche familiäre Lernumwelt gestalten, gibt es viele Hürden, die einem Erfolg des Nachwuchses im Wege stehen können. Häufig auftretende Probleme betreffen fehlende Motivation, übermäßig kontrollierendes Verhalten der Eltern oder Überforderungssituationen des Kindes. Als Eltern gilt es deshalb darauf zu achten, Kindern eine gewisse Selbstbestimmung zuzugestehen, mit ihnen realistische, d. h. durchaus anspruchsvolle, aber gleichzeitig auch zu bewältigende Ziele zu wählen, ihnen Erfolgserlebnisse zu verschaffen, die dann auch den kindlichen Fähigkeiten zugeschrieben werden können, und sie ganz allgemein zu unterstützen, d. h. für sie da zu sein. Es ist allemal mehr wert, wenn Ihre Kinder glücklich sind und auch Sie ein harmonischeres Familienleben führen können, als wenn der familiäre Alltag fast ausschließlich aus Stress und Sorgen um das schulische Weiterkommen des Nachwuchses besteht.

---

## Literatur

Grolnick, W. S. (2003). The psychology of parental control: How well-meant parenting backfires. Mahwah, NJ: Erlbaum.

Keller, G. (2011). Ich will nicht lernen! Motivationsförderung in Elternhaus und Schule (4. Überarb. Aufl.). Bern: Huber.

Knollmann, M., Knoll, S., Reissner, V., Metzelaars, J., & Hebebrand, J. (2010). School avoidance from the point of view of child and adolescent psychiatry. Symptomatology, development, course, and treatment. Deutsches Ärzteblatt International, 107(4), 43–49.

Lund, B., Rheinberg, F. & Gladasch, U. (2001). Ein Elterntraining zum motivationsförderlichen Erziehungsverhalten in Leistungskontexten. Zeitschrift für Pädagogische Psychologie, 15, 130–142.

Niggli, A., Trautwein, U., Schnyder, I., Lüdtke, O. & Neumann, M. (2007). Elterliche Unterstützung kann hilfreich sein, aber Einmischung schadet: Familiärer Hintergrund, elterliches Hausaufgabenengagement und Leistungsentwicklung. Psychologie in Erziehung und Unterricht, 54, 1–14.

Rheinberg, F. (2006). Motivation (6. Aufl.). Stuttgart: Kohlhammer.

Rheinberg, F. & Fries, S. (2001) Motivationstraining. In K. J. Klauer (Hrsg.), Handbuch kognitives Training (S. 349–375). Göttingen: Hogrefe.

Rheinberg, F. & Vollmeyer, R. (2008) Motivationsförderung. In W. Schneider & M. Hasselhorn (Hrsg.), Handbuch der Psychologie, Bd. Pädagogische Psychologie (S. 391–403). Göttingen: Hogrefe.

Rost, D. H. & Schermer, F. J. (2010). Leistungsängstlichkeit. In D. Rost (Hrsg.), Handwörterbuch Pädagogische Psychologie (4. Aufl., S. 451–465). Weinheim: Beltz.

Ryan, R. M. & Deci, E., L. (2000). Intrinsic and extrinsic motivations: Classic definitions and new directions. Contemporary Educational Psychology, 25, 54–67.

Schwarzer, R. (2000). Stress, Angst und Handlungsregulation. Kohlhammer: Stuttgart.

Villiger, C., Niggli, A., Wandeler, C., & Kutzelmann, S. (2012). Does family make the difference? Mid-term effects of a school/home-based intervention program to enhance reading motivation. Learning and Instruction, 22, 79–91.

# 9

# Unbegrenzter Einfluss der familiären Lernumwelt?

## Inhalt

F. Niklas, *Mit Würfelspiel und Vorlesebuch*, DOI 10.1007/978-3-642-54759-1_9,
© Springer-Verlag Berlin Heidelberg 2014

## 9.1 Schafft eine förderliche Lernumwelt Ärzte, Anwälte und Professoren? – Die familiäre Lernumwelt ist nicht alles

Die bisher in diesem Buch gewonnenen Erkenntnisse sollten uns hoffnungsfroh stimmen. Abgesehen davon, dass wir auf die Selbstbestimmung unserer Kinder achten sollten, müssen wir es ansonsten nur geschickt anstellen, z. B. viel gemeinsam lesen, um die frühen sprachlichen Fähigkeiten unserer Kinder bestens zu fördern. Ein paar Würfelspiele mit entsprechender Instruktion – und schon wird der Erwerb erster Rechenfähigkeiten im wahrsten Sinne des Wortes ein Kinderspiel. Selbst unsere schon etwas älteren Kinder können wir formen. Wir müssen nur ein gutes Modell abgeben und uns positiv über das Lesen und die Mathematik äußern, um sie in ihrer Entwicklung zu unterstützen.

Um es kurz zu fassen: Mit ein bisschen Anstrengung unsererseits steht einer optimalen Entwicklung unserer Kinder also nichts mehr im Wege.

---

Können wir unsere Kinder so weit fördern, dass sie problemlos eine Karriere als Ärztin, als Anwalt oder als Professor machen?

---

Wenn es nach einem sehr berühmten Psychologen vergangener Tage geht, ist dies tatsächlich möglich. John B. Watson forschte Anfang des 20. Jahrhunderts als amerikanischer Psychologe und war Mitbegründer einer lange Zeit die Psychologie beherrschenden Forschungsrichtung: des Behaviorismus. Der Behaviorismus ignorierte alle inneren (geistigen und somit subjektiven) Prozesse und konzentrierte sich alleine auf beobachtbares, objektives Verhalten. Im Zusammenhang mit seiner Forschung traf Watson folgende Aussage:

Gebt mir ein Dutzend gesunder, gutgeratener Kinder und meine eigene Welt, um sie aufzuziehen, und ich garantiere dafür, dass ich ein beliebiges aussuchen und es zu einem Spezialisten meiner Wahl machen kann – einem Arzt, einem Anwalt, einem Künstler, einem Kaufmann und ja sogar zu einem Bettler und Dieb, ungeachtet seiner Talente, Neigungen, Tendenzen, Fähigkeiten, Berufungen und der Rasse seiner Vorfahren. Ich gehe hier über die Tatsachen hinaus und ich gebe das zu [...] (Nach Watson 1930, S. 104).

Schon Watson selbst weist in seinem Schlusssatz darauf hin, dass die Wirklichkeit bei Weitem nicht so einfach gestrickt ist. Die folgenden Abschnitte machen deutlich, wie begrenzt der Einfluss der familiären Lernumwelt letzt-

endlich ist. Es kommt nicht allein auf den Zeitpunkt von förderlichen Maßnahmen an. Es gibt darüber hinaus auch eine Vielzahl von anderen Einflüssen,
welche die Geschicke und Entwicklung unserer Kinder lenken. Unser elterlicher Einfluss erscheint dabei oft nur wie der sprichwörtliche Tropfen auf dem
heißen Stein. Aber sind wir doch einmal ganz ehrlich: Können Sie sich eine
Welt vorstellen, in der nur noch Ärzte, Anwälte oder Professoren leben? Das
erscheint nun auch wiederum nicht ganz so erstrebenswert, oder was denken
Sie?

## 9.2 Warum lernt Hans nimmermehr, was Hänschen nicht lernt? – Maßnahmen müssen zur rechten Zeit erfolgen

Schlagen Sie ihrer elfjährigen Tochter doch mal vor ein Würfelspiel zu spielen, bei denen Spielfiguren ein paar Felder vorgerückt werden, um so z. B.
2 + 3 rechnen zu lernen. Oder lesen Sie Ihrem zwölfjährigen Sohn aus einem
Bilderbuch vor und stellen Sie ihm Fragen zum Inhalt. Würden Sie solche
Vorschläge Ihren eventuell schon pubertierenden Kindern unterbreiten, könnten Sie wahrscheinlich bestenfalls mit Unverständnis rechnen. Möglicherweise
ernten Sie in Zeiten von Spielkonsolen und Smartphones aber auch einfach
nur ein mitleidiges Lächeln.

?

Läuft in der Familie etwas falsch, wenn ältere Kinder nicht mehr empfänglich sind für
die spielerische Förderung durch die Eltern?

Nein, sicher nicht, denn für jede förderliche Maßnahme gibt es auch den
richtigen Zeitpunkt (Kap. 7).

In den bereits erwähnten Arbeiten von Niklas und Schneider (2012, 2013)
konnte an einer repräsentativen Stichprobe gezeigt werden, dass förderliche
Maßnahmen in der Familie im Vorschulalter bis in die Grundschule hinein
wirksam sind. Kinder, bei denen zu Hause mehr Bücher und Bilderbücher zu
finden sind, denen häufiger und früher vorgelesen wurde und mit denen häufiger Würfelspiele gespielt wurden, wiesen bessere sprachliche und mathematische Fähigkeiten auf. Diese Vorteile wirkten sich auch auf die Schulleistungen
am Anfang der Grundschulzeit aus.
   Die Forscher hatten nun die Möglichkeit, auf die gleiche Stichprobe noch
einmal am Ende der 3. Klasse zurückzugreifen. Hierbei befragten sie die Schüler
unter anderem danach, wie häufig ihnen aktuell vorgelesen wird und wie häufig
sie derzeit Rechen- und Zählspiele mit ihren Eltern spielen. Diesmal zeigten sich

negative Zusammenhänge zwischen diesen Aktivitäten und den zeitgleich gemessenen Lese- und Rechtschreib- sowie Rechenfähigkeiten der Kinder. Damit wiesen also Drittklässler, mit denen solche Maßnahmen häufiger durchgeführt wurden, schlechtere Leistungen auf als Kinder, deren Eltern nicht mehr so häufig vorlasen oder Rechen- und Zählspiele mit ihnen spielten.

---

**?**

**Bedeutet das, dass eine vermeintlich förderliche Maßnahme zu spät einsetzen und damit schädlich für das Kind sein kann?**

---

Muss man also höllisch aufpassen, um nur ja keinen Fehler zu machen, und keinesfalls einem Kind vorzulesen, das schon selbst passabel lesen kann? Nein, denn bei der Interpretation der gerade vorgestellten Befunde muss man vorsichtig sein. Ein negativer Zusammenhang heißt noch lange nicht, dass eine kausale, also ursächliche, Beziehung besteht.

In einer kleineren Untersuchung von Suggate et al. (2013) wurde überprüft, wie sich der Wortschatz von Kindern in der 2. und 4. Klasse durch einfache Maßnahmen beeinflussen lässt. Hierzu wurde zunächst der passive Wortschatz der Kinder mittels eines Tests überprüft. Die Kinder mussten einen genannten Begriff einer von vier einfachen Abbildungen richtig zuordnen. Später bekamen die Kinder kurze Geschichten entweder erzählt, sie lasen diese gemeinsam, oder sie lasen diese Geschichten alleine. In diesen Geschichten wurden sehr selten benutzte Wörter mehrmals erwähnt (z. B. Klampfe, Pfuhl oder Kardätsche). Nach einer Spielpause wurde nun erfasst, inwieweit die Kinder die neuen Worte auch tatsächlich verstanden und somit in ihren Wortschatz aufgenommen hatten.

Es zeigte sich, dass unabhängig von der Klassenstufe die neuen Wörter gelernt wurden, egal ob die Geschichten erzählt, gemeinsam oder alleine gelesen wurden.

Diese Studie weist darauf hin, dass Maßnahmen, die ihre größte Wirksamkeit bei jüngeren Kindern haben, noch lange nicht schädlich werden, wenn unsere Kinder in die Pubertät kommen. Wenn Sie Ihrem Kind am Ende der Grundschulzeit oder auch später nun also doch etwas vorlesen, brauchen Sie sich keine Vorwürfe machen. Allerdings wird aus den Ergebnissen beider Studien etwas deutlich: Am Ende der Grundschulzeit wird häufiger denjenigen Kindern vorgelesen, die selbst noch nicht so gut lesen, und es werden auch mit denjenigen Kindern häufiger Zählspiele gespielt, die noch nicht so gut im Rechnen sind. Damit ist die Häufigkeit, mit der solche Tätigkeiten ab dem späteren Kindesalter durchgeführt werden, also ein gewisser Gradmesser dafür, inwieweit Kinder noch Probleme in ihren mathematischen und schriftsprachlichen Grundfähigkeiten haben.

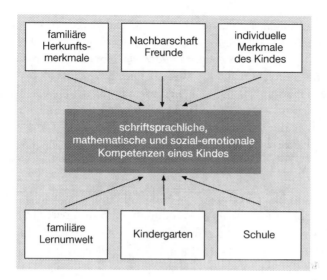

**Abb. 9.1**  Einflussfaktoren auf frühe Kompetenzen von Kindern

## 9.3  Was bedeuten andere Lernumwelten für mein Kind? – Der Einfluss von Kindergarten und Schule

Wie in Kap. 2 und insbesondere in Abb. 2.1 verdeutlicht wurde, spielt die familiäre Lernumwelt nicht alleine die alles entscheidende Rolle in der kindlichen Entwicklung. Die verschiedenen Kompetenzen eines Kindes (Abb. 9.1 mitte) werden vielmehr von einer Reihe von Faktoren (Abb. 9.1 oben und unten) beeinflusst. Hierzu zählen neben der familiären Lernumwelt auch die individuellen Merkmale des Kindes, der Einfluss von Freunden und der Nachbarschaft sowie familiäre Herkunftsmerkmale (z. B. sozioökonomischer und Migrationsstatus, elterliches Bildungsniveau; Kap. 3). Diese Herkunftsmerkmale sind nach den Ergebnissen der PISA-Studie insbesondere in Deutschland sehr relevant für die schulischen Leistungen von Kindern (Klieme et al. 2010; Kap. 3). Neben diesen unmittelbaren Einflüssen sind aber auch die außerfamiliären Lernumwelten Kindergarten und Schule bedeutsam (Kap. 2).

————— ? —————————————————————————————————————————

Welchen Einfluss übt der Besuch eines Kindergartens auf die kindliche Entwicklung aus?

—————————————————————————————————————————————————

In der umfangreichen, englischen Studie „Effective Pre-school and Primary Education 3–11" (EPPE 3–11) untersuchten Sylva et al. (2008) etwa 2800 Kinder vom dritten bis zum elften Lebensjahr. Hierbei stellten sie fest, dass Kinder, die eine vorschulische Einrichtung besuchten, sich deutlich besser entwickelten als Kinder, die nicht in eine vorschulische Einrichtung gingen. Dies zeigte sich nicht nur für schulische Leistungen, sondern auch bei der Entwicklung sozialer und emotionaler Fähigkeiten. Außerdem spielte die Qualität der besuchten Einrichtung eine große Rolle. Faktoren wie die Ausstattung der Einrichtung, die Häufigkeit und Qualität der Interaktion von Kindern mit Erzieherinnen und Erziehern, die Zusammenarbeit mit den Eltern, aber auch gezielte Förderungen in den Bereichen Sprache, Mathematik und Umwelt erwiesen sich als relevante Aspekte für die kindliche Entwicklung.

Nun könnten Sie darauf hinweisen, dass dies auf englische Kinder zutreffen mag, die ein anderes Schulsystem durchlaufen und bereits mit vier Jahren eingeschult werden. Wie ist die Situation aber im deutschen Bildungssystem – spielt hier der Kindergarten auch eine wichtige Rolle für die kindliche Entwicklung?

In einer Analyse anhand von Daten des „Sozio-ökonomischen Panels" (SO-EP), in dem etwa 22.000 Individuen aus insgesamt fast 12.000 Privathaushalten seit 1984 jährlich befragt werden, fand Seyda (2009) heraus, dass Kinder, die einen Kindergarten besucht hatten, später mit einer größeren Wahrscheinlichkeit auf das Gymnasium gingen als die (eher wenigen) Kinder, die keinen Kindergarten besucht hatten. Dieser Effekt zeigte sich dabei unabhängig vom sozialen Hintergrund der Mütter. Außerdem wurde ein höherer Bildungsweg eher eingeschlagen, wenn der Kindergarten länger besucht wurde. Dies galt insbesondere für Kinder aus den sogenannten bildungsfernen Schichten (siehe auch Abschn. 2.2).

---

❓

**Welchen Einfluss hat die Schule und wie lässt sich dieser messen, da doch (nahezu) alle Kinder in Deutschland früher oder später die Schule besuchen?**

---

Hier bedient man sich eines einfachen Vergleichs. Es werden diejenigen Kinder untersucht, die um den Einschulungsstichtag herum geboren wurden. Diese sind alle in etwa gleich alt, werden aber zum Teil eingeschult oder eben noch nicht. Nach einem Jahr vergleicht man dann beide Gruppen. Ohne zu sehr ins Detail zu gehen, sei hier angemerkt, dass der Einfluss des Schulbesuchs auf die Entwicklung von Fähigkeiten noch ungleich größer ist als der Kindergartenbesuch (Abschn. 2.3). Dies gilt vor allem für die Leistungen in der späteren Grundschulzeit und danach. Alles andere wäre aber auch verwunderlich gewesen und hätte einen ganzen Berufszweig ad absurdum geführt.

## 9.4 Ist mein Kind, was es ist, oder was ich aus ihr oder ihm mache? – Frühe Fähigkeiten und Eigenschaften von Kindern

Ein bekannter deutscher Komiker unterteilte Kinder schon bei der Geburt in drei Kategorien: Mädchen, Junge und AK (Arschlochkind). Letztere Kategorie steht hierbei für all diejenigen Kinder, deren Lebensweg schon von Geburt an vorgezeichnet ist, und zwar als nervige, schreckliche und ungeliebte Zeitgenossen. Hier haben wir also eine Sichtweise, die im völligen Gegensatz zu Watsons (1930) Ansichten steht. (Sie erinnern sich – Watson war derjenige, der behauptete, aus jedem Kind nach Belieben einen Arzt, Künstler oder Bettler machen zu können.) Tatsächlich gibt es aber Theorien, die davon ausgehen, dass unser Leben vollständig vorgeprägt ist. Diesen sogenannten endogenistischen Entwicklungstheorien zufolge vollzieht sich Entwicklung als ein Reifungsprozess nach einem inneren Bauplan, den wir von Anfang an in uns tragen.

> **?**
>
> Können wir die Entwicklung unserer Kinder wirklich beeinflussen, oder ist alles vorgegeben?

Wie meistens bei Kontroversen dieser Art liegt die Wahrheit irgendwo in der Mitte.

Einen gewissen Anhaltspunkt bietet eine umfangreiche und interessante Studie, wie sie in Deutschland in dieser Art bislang einzigartig ist. 1984 startete im Großraum München die Längsschnittstudie LOGIK („Longitudinalstudie zur Genese von individuellen Kompetenzen"), die die langfristige Entwicklung von Kindern ab dem vierten Lebensjahr nachverfolgte. Dabei interessierten sich die hauptverantwortlichen Untersucher Weinert und Schneider (1999) und ihre Kollegen für so vielfältige Bereiche wie die Moralentwicklung, die Entwicklung vorschulischer und schulischer Leistungen oder auch die Persönlichkeitsentwicklung. Die etwa 200 Kinder wurden zunächst jährlich bis zum zwölften Lebensjahr und danach in einer Folgestudie (Schneider 2008) sowohl mit 17 als auch mit 23 Jahren noch einmal ausführlich untersucht.

Es zeigte sich eines sehr deutlich: In sehr vielen Bereichen sagten frühe Eigenschaften und Kompetenzen der Kinder spätere Fähigkeiten sehr genau vorher. Wer z. B. schon mit fünf Jahren ein gutes Grundwissen im Bereich Mengen und Zahlen aufwies, war häufig auch seinen späteren Klassenkameraden in Mathe überlegen. Der durchschnittliche Vorsprung zeigte sich selbst im Alter von 23 Jahren noch. Eine große Stabilität wurde auch für die Persönlichkeit, die Intelligenz, den Bereich Motorik und in etwas geringerem Umfang für schriftsprachliche Leistungen gefunden. Allerdings muss eingewendet werden, dass, wenngleich auf die untersuchte Gruppe bezogen Anfangsunterschiede zumeist bestehen blieben, sich in vielen Einzelfällen auch unerwartete, dynamische Entwicklungsverläufe zeigten.

So wie es scheint, geben wir unseren Kindern schon vieles sehr früh mit auf den Weg. Teilweise geschieht dies schon – hier wohl eher ohne gezielte Absicht – beim Akt der Zeugung über die Vererbung. Zum Teil wird einiges auch in den allerersten Lebensjahren vermittelt und bleibt dann stabil. Wenn wir also Kinder wollen, die in ihrem Leben etwas erreichen, brauchen wir uns gar nicht so sehr mit der familiären Lernumwelt abmühen. Viel sinnvoller und wichtiger erscheint die richtige Wahl des Partners mit „guten" Genen.

## 9.5    Warum wird mein Kind nicht besser, obwohl ich alles tue? – Grenzen der familiären Lernumwelt

Betrachtet man die hier aufgeführten, vielfältigen Faktoren, die eine Rolle in der Entwicklung Ihrer Kinder spielen, ist es nicht mehr allzu verwunderlich, dass die familiäre Lernumwelt nur einen relativ begrenzten Einfluss ausübt. Tatsächlich ist das auch der Befund der allermeisten bislang zur Thematik durchgeführten Studien. Wenn es Psychologen darum geht, festzustellen, inwieweit Ergebnisse auch wirklich für den Alltag relevant und bedeutsam sind, fragen sie nach den sogenannten Effektstärken. Über verschiedene komplizierte mathematische Berechnungen, die an dieser Stelle nicht die geringste Rolle spielen, lassen sich letztlich Werte ermitteln, die wiederum in Kategorien eingeteilt werden. So spricht man von fehlenden, schwachen, mittleren und starken Effekten. Fast durchgängig wurden in den Studien zur familiären Lernumwelt eher kleine und damit schwache Effekte gefunden.

> Das Vorlesen als ein sehr wichtiger Aspekt der förderlichen Lernumwelt wurde schon seit den 1960er Jahren besonders intensiv untersucht. Lange Zeit dominierte die Annahme, dass es eine der vornehmlichsten Aufgabe von Eltern sei, ihren Kindern häufig und viel vorzulesen. Eine Analyse verschiedener wissenschaftlicher Studie hierzu, die von Scarborough und Dobrich (1994) durchgeführt wurde, zeigte aber, dass man diese Annahme nicht so unreflektiert unterstützen kann. Das Vorlesen durch die Eltern und die damit verbundene sprachliche Interaktion mit den Kindern konnte die späteren sprachlichen Leistungen der Kinder nur in geringem Umfang vorhersagen. Auch bei Studien, in denen Eltern explizit angewiesen wurden, überhaupt bzw. mehr vorzulesen, wirkten nur kurzfristig – falls überhaupt ein Effekt nachgewiesen werden

konnte. Weitere, neuere Studien zeigten teilweise ebenfalls nur sehr geringe Zusammenhänge der familiären Lernumwelt mit sprachlichen Leistungen bei Kindern.

So konnten in einer niederländischen Studie von van Otterloo und van der Leij (2009) mittels einer Intervention für Familien, in denen Vorschulkinder mit erhöhtem Risiko für eine spätere Lese-Recht-Schreibschwäche lebten, zwar kurzfristig bestimmte sprachliche Fähigkeiten (z. B. die Buchstabenkenntnis) verbessert werden. Langfristig aber konnten keine nachweisbaren Fördereffekte für das Lesen und Rechtschreiben in der Schule gefunden werden.

Letztlich untersuchte van Steensel zusammen mit drei Kolleginnen (2011) 30 Studien aus den Jahren 1990 bis 2010, in denen Interventionen in Familien durchgeführt worden waren. Die berücksichtigten Interventionen zielten auf eine Verbesserung der schriftsprachlichen Interaktionen in der Familie ab und wurden als sogenannte „Family Literacy Programs" bezeichnet. Zwar zeigten sich in dieser Metaanalyse im Durchschnitt signifikante Verbesserungen bei den sprachlichen Fähigkeiten der beteiligten Kinder, es handelte sich dabei aber ebenfalls nur um kleine Effekte.

---

**?**

**Sind die in dem Buch vorgestellten Fördermaßnahmen unwirksam? Hat es sich gar nicht gelohnt, das Buch zu lesen?**

---

Die Antwort lautet ganz klar: nein! Die beschriebenen Effekte der Fördermaßnahmen existieren und sind nachweislich mehrfach bestätigt. Aber – und hier liegt das Problem – es sind eben nur kleine Effekte, die weder Wunderkinder noch Senkrechtstarter produzieren. Leider müssen wir uns also von der Idee verabschieden, unseren Kindern im Handumdrehen das Leben zu erleichtern und ihnen einen einfachen Weg zu ebnen. Ganz so rosig sind die Aussichten also leider selbst in einer sehr positiv gestalteten Lernumwelt nicht. Warum sollte man sich dann überhaupt die Mühen machen, eine positive familiäre Lernumwelt zu gestalten? Das abschließende Kapitel plädiert trotz aller Einwände dafür, dass wir unseren Kindern eine möglichst förderliche Lernumwelt bieten (Kap. 10). Und das aus gutem Grund – auch kleine Effekte können sich über eine längere Zeit, die wir ja automatisch mit unseren Kindern verbringen, aufsummieren. Darüber hinaus können diese Effekte das sprichwörtliche Zünglein an der Waage sein, wenn es um die Gesamtentwicklung Ihrer Kinder geht.

Letztlich sollten Sie die Grenzen der Lernumwelt auch einmal positiv sehen. Das nächste Mal, wenn Ihr Sprössling nicht die erhoffte Leistung mit nach Hause bringt oder wenn Ihre Schwiegereltern Sie dafür verantwortlich machen, dass es nun doch nicht bei Ihrem Kind für die höhere Schule gereicht hat, lehnen Sie sich bequem zurück und verweisen auf die Befunde dieses Kapitels – an Ihnen kann es ja nun wirklich nicht liegen!

---

**Fazit**

Die familiäre Lernumwelt ist nur eine von vielen Stellschrauben, die die Entwicklung unserer Kinder beeinflussen. So spielen neben der familiären Lernumwelt z. B. Kindergarten und Schule eine große Rolle für die kindliche Entwicklung. Hinzu kommt, dass förderliche Maßnahmen zum richtigen Zeitpunkt einsetzen müssen, um ihre größte Wirksamkeit zu entfalten. Auch weisen Studienergebnisse darauf hin, dass kindliche Entwicklungsverläufe schon in der frühesten Kindheit und teils sogar genetisch vorgebahnt werden und sich somit nur unwesentlich oder überhaupt nicht von uns verändern lassen. Deshalb ist es nicht verwunderlich, dass die familiäre Lernumwelt nur einen überschaubaren Einfluss auf die Kompetenzen von Kindern hat. Dennoch zeigt das abschließende Kapitel, dass es viele Gute Gründe gibt, trotzdem aktiv zu werden und den eigenen Kindern eine positive Lernumwelt zu bieten.

---

## Literatur

Klieme, E., Artelt, C., Hartig, J., Jude, N., Köller, O., Prenzel, M., Schneider, W. & Stanat, P. (Hrsg.) (2010). *PISA 2009. Bilanz nach einem Jahrzehnt*. Münster: Waxmann.

Niklas, F. & Schneider, W. (2012). Einfluss von "Home Numeracy Environment" auf die mathematische Kompetenzentwicklung vom Vorschulalter bis Ende des 1. Schuljahres. *Zeitschrift für Familienforschung, 24*(2), 134–147.

Niklas, F. & Schneider, W. (2013). Home literacy environment and the beginning of reading and spelling. *Contemporary Educational Psychology, 38*, 40–50.

van Otterloo, S. G. & van der Leij, A. (2009). Dutch home-based pre-reading intervention with children at familial risk of dyslexia. *Annals of Dyslexia, 59*, 169–195.

Scarborough, H. S. & Dobrich, W. (1994). On the efficacy of reading to preschoolers. *Developmental Review, 14*, 245–302.

Schneider, W. (Hrsg.). (2008). *Entwicklung von der Kindheit bis zum Erwachsenenalter. Befunde der Münchner Längsschnittstudie LOGIK*. Weinheim: Beltz.

Seyda, S. (2009). Kindergartenbesuch und späterer Bildungserfolg. Eine bildungsökonomische Analyse anhand des Sozio-ökonomischen Panels. *Zeitschrift für Erziehungswissenschaft, 12*, 233–251.

van Steensel, R., McElvany, N., Kurvers, J. & Herppich, S. (2011). How effective are family literacy programs? Results of a meta-analysis. *Review of Educational Research, 81*(1), 69–96.

Suggate, S., Lenhard, W., Neudecker, E. & Schneider, W. (2013). Incidental vocabulary acquisition from stories: Second and fourth graders learn more from listening than reading. *First Language, 33*, 551–571.

Sylva, K., Melhuish, E., Sammons, P., Siraj-Blatchford, I. & Taggart, B.(2008). *Effective Pre-school and Primary Education 3–11 Project (EPPE 3–11): Final report from the primary phase: Pre-school, school and family influences on children's development during Key Stage 2 (age 7–11)*. London: University of London.

Watson, J. B. (1930). *Behaviorism* (rev. ed.). Chicago, IL: University of Chicago Press.

Weinert, F. E. & Schneider, W. (Hrsg.). (1999). *Individual development from 3 to 12.* Cambridge: Cambridge University Press.

# 10

# Lassen Sie die Würfel rollen, bevor sie gefallen sind – Ein Fazit!

Auch wenn in den vorangegangenen beiden Kapiteln ein eher düsteres Bild der Möglichkeiten und Effekte einer förderlichen Lernumwelt gezeichnet wurde, ist das keineswegs ein Grund zu verzweifeln. Vielmehr sollten Sie sich überlegen, was Sie zu verlieren und was Sie zu gewinnen haben. Gehen wir als erstes davon aus, Sie würden sich dafür entscheiden, die familiäre Lernumwelt sich selbst zu überlassen und nicht aktiv zu werden.

?

Welche Konsequenzen hat es, wenn Sie nicht in eine positive familiäre Lernumwelt investieren?

Zunächst einmal ergeben sich aus dieser Entscheidung durchaus einige Vorteile für Sie: Sie gewinnen Zeit für eigene Hobbys und Interessen, Sie dürfen problemlos so viele Fernsehsendungen konsumieren, wie Sie möchten, und Sie müssen sich keine Gedanken darüber machen, wie Sie Ihr Kind weiterhin täglich bestmöglich fördern können. Allerdings dürfte da auch dieses nagende Gefühl aufkommen, ob man sein Kind nicht zu sehr vernachlässigt und ihm gewisse Entwicklungschancen verbaut.

Solch eine Entscheidung ist also gut für alle diejenigen, die kein allzu schlechtes Gewissen haben oder für die die Entwicklung ihres Kindes eine nicht ganz so zentrale Rolle einnimmt bzw. die denken, dass ihr Kind das schon auch so schaffen wird. Aber mal ehrlich: Wahrscheinlich gehören Sie nicht unbedingt zu diesen Leuten, denn Sie haben sich ja dieses Buch gekauft (oder wurde es Ihnen nur geschenkt und Sie quälen sich gerade durch diese letzten Seiten?).

?

Welche Konsequenzen hat es, wenn Sie in eine positive familiäre Lernumwelt investieren?

Offensichtlich resultieren aus dieser Entscheidung zunächst einige Nachteile, die sich aus den oben genannten Vorteilen erschließen lassen: Sie werden Zeit (und eventuell auch etwas Geld) in Ihr Kind investieren sowie Ihr eigenes Verhalten unter dem Blickwinkel betrachten müssen, inwieweit es Ihr

F. Niklas, *Mit Würfelspiel und Vorlesebuch*, DOI 10.1007/978-3-642-54759-1_10,
© Springer-Verlag Berlin Heidelberg 2014

Kind positiv oder negativ beeinflusst. Außerdem kann die aktive Gestaltung der familiären Lernumwelt durchaus anstrengend werden. Hinzu kommt, dass Ihnen niemand garantiert, dass Ihre Bemühungen überhaupt von Erfolg gekrönt sein werden. Gleichzeitig ergibt sich aber auch eine Reihe von Vorteilen:

1. Ihre Mühen können die Entwicklung Ihres Kindes positiv beeinflussen. Dabei kann jeder auch noch so kleine durch die Lernumwelt hervorgebrachte Fortschritt einen entscheidenden Vorteil auf lange Sicht darstellen.
2. Der Aufwand, die familiäre Lernumwelt etwas positiver zu gestalten, ist überschaubar und leicht zu bewältigen.
3. Rückblickend werden Sie sich keine Vorwürfe machen müssen, dass Sie im Hinblick auf die Lernumwelt nicht alles für Ihr Kind getan haben.
4. Eine Verbesserung der familiären Lernumwelt führt nachweislich zu einer signifikant besseren kindlichen Entwicklung.

Neben diesen zentralen Punkten ließen sich noch viele weitere Dinge aufführen, z. B. positive Auswirkungen auf die gesamte Familie, auf die sozialen Interaktionen untereinander und mit Außenstehenden oder auch der schöne Nebeneffekt, dass Sie mehr (wertvolle) Zeit mit Ihrem Kind verbringen werden.

Wägt man die Vor- und Nachteile ab, dann spricht doch vieles dafür, dass es sich lohnt, die familiäre Lernumwelt aktiv zu gestalten. Der Aufwand ist nicht sonderlich groß und deshalb kein wirkliches Hindernis. Außerdem ist die Wahrscheinlichkeit, dass zumindest ein kleiner, wenn nicht sogar größerer Effekt auf die kindliche Entwicklung ausgeübt wird, durchaus groß.

---

? 

**Steht das nicht im Widerspruch zu der Aussage, dass man sich nicht allzu viel von den Einflussmöglichkeiten durch die familiäre Lernumwelt erwarten darf?**

---

Wie in Abschn. 9.5 erwähnt, konnten z. B. Scarborough und Dobrich (1994) tatsächlich nur eine geringe Bedeutsamkeit des Vorlesens in der Familie für die Entwicklung schriftsprachlicher Kompetenzen von Kindern feststellen. Diese Analyse und ihre Ergebnisse blieben jedoch nicht unkommentiert. Sowohl Dunning et al. (1994) als auch Lonigan (1994) honorierten zwar einerseits die wichtigen Erkenntnisse der Metaanalyse der beiden Forscher, sprich deren Zusammenfassung verschiedener einzelner Studien. Andererseits bemängelten sie verschiedene Schwächen der in der Metaanalyse berücksichtigten Studien.

Darüber hinaus sollte ihrer Meinung nach berücksichtigt werden, dass sich die familiäre Lernumwelt wesentlich einfacher verändern lässt, als dies beispielsweise beim Einkommen oder der Bildung der Eltern der Fall ist. Außerdem hat sich häufig gezeigt, dass selbst geringe Anfangsvorteile sich in Form eines Schereneffekts im Laufe der Zeit noch verstärken können. Deshalb können auch kleine positive Effekte der familiären Lernumwelt auf lange Sicht eine sehr wichtige Rolle spielen. Wenn man außerdem berücksichtigt, dass Sie als Eltern insbesondere in den ersten Lebensjahren eine sehr lange Zeit mit Ihrem Kind verbringen und sich somit diese kleinen Effekte nach und nach aufsummieren, stehen die Chancen gar nicht schlecht, dass Sie etwas verändern werden!

Das Gleiche gilt auch für die nur sehr kleinen Effekte, die in der methodisch einwandfreien, aktuellen Metaanalyse von van Steensel et al. (2011) für Programme zur Verbesserung der sogenannten „Family Literacy" gefunden wurden (Abschn. 9.5). Zwei andere Metaanalysen, die sich auf spezifische schriftsprachliche Programme in der Familie und ihre Effekte bezogen, fanden deutlich größere mittlere Wirksamkeiten (Mol et al. 2008; Sénéchal und Young 2008). Hierbei wurde in einem Fall eine Verbesserung des Wortschatzes der Kinder durch das dialogische Vorlesen (Abschn. 4.2) untersucht und im anderen Fall auf verschiedene schriftsprachliche Fähigkeiten Bezug genommen.

Die Größe der gefundenen Effekte hängt also stark davon ab, welche Studien berücksichtigt werden und worauf genau der Forschungsfokus gelegt wird. Unabhängig davon führt eine Verbesserung der familiären Lernumwelt aber zu signifikanten besseren kindlichen Leistungen. Dies gilt im Übrigen nicht nur für den Schriftsprachbereich, sondern – wie in den entsprechenden Kapiteln gezeigt – genauso für mathematische und sozial-emotionale Kompetenzen (z. B. Fuchs et al. 2013; Izard et al. 2008; Ramani und Siegler 2008).

All dies sollten Gründe genug für Sie sein, der familiären Lernumwelt eine Chance zu geben und aktiv an einer möglichst optimalen Gestaltung zu arbeiten. Berücksichtigen Sie dabei aber, dass auch bei der Gestaltung der Lernumwelt und den daraus hoffentlich resultierenden Veränderungen bei Ihrem Kind gilt: Gut Ding will Weile haben – Rom wurde schließlich auch nicht an einem Tag erbaut!

Damit sind Sie bereits am Ende dieses Buchs angelangt. Fast jedenfalls, denn da war ja noch etwas: Wie ging das denn nun weiter mit Robin und Katharina aus dem Vorwort? Sie entsinnen sich noch daran? Robin aus dem Problemkiez mit entsprechendem Hintergrund, krimineller Vergangenheit und kriminellen Freunden begegnet Katharina vom Elitegymnasium und aus bester Familie stammend nachts auf einsamer Straße. Während das Publikum gebannt den Atem anhält und mindestens mit einem Raubüberfall, wenn nicht Schlimmerem rechnet, passiert ...

… nicht mehr, als dass die beiden vertraut Händchen haltend gemeinsam den Weg fortsetzen. Scheinbar kennen sich beide und sind vielleicht sogar ein Paar. Entschuldigen Sie, dass ich Ihnen diese Pointe vorweggenommen habe. Es lohnt sich dennoch, diesen Kurzfilm anzusehen, denn der daran anschließende Kommentar des Sprechers macht den eigentlichen Witz der beschriebenen Situation aus. Für dieses Buch aber soll der versöhnliche Ausgang der Geschichte an diesem Punkt reichen und vielleicht auch als optimistischer Ausblick dienen, dass man im Hinblick auf bestimmte Ereignisse und Entwicklungen manchmal auch positiv überrascht wird.

In diesem Sinne bleibt mir nur noch, Sie an die Überschrift dieses Kapitels zu erinnern: Lassen Sie die Würfel rollen, bevor sie gefallen sind, und unterstützen Sie Ihr Kind durch eine förderliche, aber auch für alle angenehme Lernumwelt.

Ich hoffe, dass die Lektüre des Buches kurzweilig und interessant für Sie war. Abschließend wünsche Ihnen viel Erfolg und vor allem Spaß bei der Gestaltung Ihrer eigenen familiären Lernumwelt mit Würfelspiel und Vorlesebuch!

## Literatur

Dunning, D. B., Mason, J. M. & Stewart, J. P. (1994). Reading to preschoolers: A response to Scarborough and Dobrich (1994) and recommendations for future research. *Developmental Review, 14*, 324–339.

Fuchs, L. S., Geary, D. C., Compton, D. L., Fuchs, D., Schatschneider, C., Hamlett, C. L., DeSelms, J., Seethaler, P. M., Wilson, J., Craddock, C. F., Bryant, J. D., Luther, K. & Changas, P. (2013). Effects of first-grade number knowledge tutoring with contrasting forms of practice. *Journal of Educational Psychology, 105*(1), 58–77.

Izard, C., King, A. K., Trentacosta, C. J., Morgan, J. K., Laurenceau, J.-P., Krauthamer-Ewig, E. S. & Finlon, K. J. (2008). Accelerating the development of emotion competence in Head Start children: Effects on adaptive and maladaptive behavior. *Development and Psychopathology, 20*, 369–397.

Lonigan, C. J. (1994). Reading to preschoolers exposed: Is the emperor really naked? *Developmental Review, 14*, 303–323.

Mol, S. E., Bus, A. G., de Jong, M. T., & Smeets, D. J. H. (2008). Added value of dialogic parent-child book readings: A meta-analysis. *Early Education and Development, 19*, 7–26.

Ramani, G. & Siegler, R. S. (2008). Promoting broad and stable improvements in low-income children's numerical knowledge through playing number board games. *Child Development, 29*, 375–394.

Scarborough, H. S. & Dobrich, W. (1994). On the efficacy of reading to preschoolers. *Developmental Review, 14*, 245–302.

Sénéchal, M. & Young, L. (2008). The effect of family literacy interventions on children's acquisition of reading from kindergarten to grade 3: A meta-analytic review. *Review of Educational Research, 78*(4), 880–907.

van Steensel, R., McElvany, N., Kurvers, J. & Herppich, S. (2011). How effective are family literacy programs? Results of a meta-analysis. *Review of Educational Research, 81*(1), 69–96.

# Sachverzeichnis

F. Niklas, *Mit Würfelspiel und Vorlesebuch*, DOI 10.1007/978-3-642-54759-1,
© Springer-Verlag Berlin Heidelberg 2014